I0197081

NORUEGO
VOCABULARIO

ESPAÑOL-NORUEGO

Las palabras más útiles
Para expandir su vocabulario y refinar
sus habilidades lingüísticas

5000 palabras

Vocabulario Español-Noruego - 5000 palabras más usadas

por Andrey Taranov

Los vocabularios de T&P Books buscan ayudar en el aprendizaje, la memorización y la revisión de palabras de idiomas extranjeros. El diccionario se divide por temas, cubriendo toda la esfera de las actividades cotidianas, de negocios, ciencias, cultura, etc.

El proceso de aprendizaje de palabras utilizando los diccionarios temáticos de T&P Books le proporcionará a usted las siguientes ventajas:

- La información del idioma secundario está organizada claramente y predetermina el éxito para las etapas subsiguientes en la memorización de palabras.
- Las palabras derivadas de la misma raíz se agrupan, lo cual permite la memorización de grupos de palabras en vez de palabras aisladas.
- Las unidades pequeñas de palabras facilitan el proceso de reconocimiento de enlaces de asociación que se necesitan para la cohesión del vocabulario.
- De este modo, se puede estimar el número de palabras aprendidas y así también el nivel de conocimiento del idioma.

T&P Books Publishing
www.tpbooks.com

ISBN: 978-1-78492-021-0

Este libro está disponible en formato electrónico o de E-Book también.
Visite www.tpbooks.com o las librerías electrónicas más destacadas en la Red.

VOCABULARIO NORUEGO
palabras más usadas

Los vocabularios de T&P Books buscan ayudar al aprendiz a aprender, memorizar y repasar palabras de idiomas extranjeros. Los vocabularios contienen más de 5000 palabras comúnmente usadas y organizadas de manera temática.

- El vocabulario contiene las palabras corrientes más usadas.
- Se recomienda como ayuda adicional a cualquier curso de idiomas.
- Capta las necesidades de aprendices de nivel principiante y avanzado.
- Es conveniente para uso cotidiano, prácticas de revisión y actividades de auto-evaluación.
- Facilita la evaluación del vocabulario.

Aspectos claves del vocabulario

- Las palabras se organizan según el significado, no según el orden alfabético.
- Las palabras se presentan en tres columnas para facilitar los procesos de repaso y auto-evaluación.
- Los grupos de palabras se dividen en pequeñas secciones para facilitar el proceso de aprendizaje.
- El vocabulario ofrece una transcripción sencilla y conveniente de cada palabra extranjera.

El vocabulario contiene 155 temas que incluyen lo siguiente:

Conceptos básicos, números, colores, meses, estaciones, unidades de medidas, ropa y accesorios, comida y nutrición, restaurantes, familia nuclear, familia extendida, características de personalidad, sentimientos, emociones, enfermedades, la ciudad y el pueblo, exploración del paisaje, compras, finanzas, la casa, el hogar, la oficina, el trabajo en oficina, importación y exportación, promociones, búsqueda de trabajo, deportes, educación, computación, la red, herramientas, la naturaleza, los países, las nacionalidades y más …

TABLA DE CONTENIDO

GUÍA DE PRONUNCIACIóN   9
ABREVIATURAS   11

CONCEPTOS BÁSICOS   13
Conceptos básicos. Unidad 1   13

1.   Los pronombres   13
2.   Saludos. Salutaciones. Despedidas   13
3.   Como dirigirse a otras personas   14
4.   Números cardinales. Unidad 1   14
5.   Números cardinales. Unidad 2   15
6.   Números ordinales   16
7.   Números. Fracciones   16
8.   Números. Operaciones básicas   16
9.   Números. Miscelánea   16
10. Los verbos más importantes. Unidad 1   17
11. Los verbos más importantes. Unidad 2   18
12. Los verbos más importantes. Unidad 3   19
13. Los verbos más importantes. Unidad 4   20
14. Los colores   21
15. Las preguntas   21
16. Las preposiciones   22
17. Las palabras útiles. Los adverbios. Unidad 1   22
18. Las palabras útiles. Los adverbios. Unidad 2   24

Conceptos básicos. Unidad 2   26

19. Los días de la semana   26
20. Las horas. El día y la noche   26
21. Los meses. Las estaciones   27
22. Las unidades de medida   29
23. Contenedores   30

EL SER HUMANO   31
El ser humano. El cuerpo   31

24. La cabeza   31
25. El cuerpo   32

La ropa y los accesorios   33

26. La ropa exterior. Los abrigos   33
27. Ropa de hombre y mujer   33

28. La ropa. La ropa interior 34
29. Gorras 34
30. El calzado 34
31. Accesorios personales 35
32. La ropa. Miscelánea 35
33. Productos personales. Cosméticos 36
34. Los relojes 37

La comida y la nutrición 38

35. La comida 38
36. Las bebidas 39
37. Las verduras 40
38. Las frutas. Las nueces 41
39. El pan. Los dulces 42
40. Los platos 42
41. Las especias 43
42. Las comidas 44
43. Los cubiertos 45
44. El restaurante 45

La familia nuclear, los parientes y los amigos 46

45. La información personal. Los formularios 46
46. Los familiares. Los parientes 46

La medicina 48

47. Las enfermedades 48
48. Los síntomas. Los tratamientos. Unidad 1 49
49. Los síntomas. Los tratamientos. Unidad 2 50
50. Los síntomas. Los tratamientos. Unidad 3 51
51. Los médicos 52
52. La medicina. Las drogas. Los accesorios 52

EL AMBIENTE HUMANO 54
La ciudad 54

53. La ciudad. La vida en la ciudad 54
54. Las instituciones urbanas 55
55. Los avisos 56
56. El transporte urbano 57
57. El turismo. La excursión 58
58. Las compras 59
59. El dinero 60
60. La oficina de correos 61

La vivienda. La casa. El hogar 62

61. La casa. La electricidad 62

62. La villa. La mansión   62
63. El apartamento   62
64. Los muebles. El interior   63
65. Los accesorios de cama   64
66. La cocina   64
67. El baño   65
68. Los aparatos domésticos   66

LAS ACTIVIDADES DE LA GENTE   67
El trabajo. Los negocios. Unidad 1   67

69. La oficina. El trabajo de oficina   67
70. Los procesos de negocio. Unidad 1   68
71. Los procesos de negocio. Unidad 2   69
72. La producción. Los trabajos   70
73. El contrato. El acuerdo   71
74. Importación y exportación   72
75. Las finanzas   72
76. La mercadotecnia   73
77. La publicidad   74
78. La banca   74
79. El teléfono. Las conversaciones telefónicas   75
80. El teléfono celular   76
81. Los artículos de escritorio. La papelería   76
82. Tipos de negocios   77

El trabajo. Los negocios. Unidad 2   79

83. La exhibición. La feria comercial   79
84. La ciencia. La investigación. Los científicos   80

Las profesiones y los oficios   82

85. La búsqueda de trabajo. El despido   82
86. Los negociantes   82
87. Los trabajos de servicio   83
88. La profesión militar y los rangos   84
89. Los oficiales. Los sacerdotes   85
90. Las profesiones agrícolas   85
91. Las profesiones artísticas   86
92. Profesiones diversas   86
93. Los trabajos. El estatus social   88

La educación   89

94. La escuela   89
95. Los institutos. La Universidad   90
96. Las ciencias. Las disciplinas   91
97. Los sistemas de escritura. La ortografía   91
98. Los idiomas extranjeros   92

El descanso. El entretenimiento. El viaje 94

99. Las vacaciones. El viaje 94
100. El hotel 94

EL EQUIPO TÉCNICO. EL TRANSPORTE 96
El equipo técnico 96

101. El computador 96
102. El internet. El correo electrónico 97
103. La electricidad 98
104. Las herramientas 98

El transporte 101

105. El avión 101
106. El tren 102
107. El barco 103
108. El aeropuerto 104

Acontecimentos de la vida 106

109. Los días festivos. Los eventos 106
110. Los funerales. El entierro 107
111. La guerra. Los soldados 107
112. La guerra. El ámbito militar. Unidad 1 108
113. La guerra. El ámbito militar. Unidad 2 110
114. Las armas 111
115. Los pueblos antiguos 113
116. La Edad Media 113
117. El líder. El jefe. Las autoridades 115
118. Violar la ley. Los criminales. Unidad 1 116
119. Violar la ley. Los criminales. Unidad 2 117
120. La policía. La ley. Unidad 1 118
121. La policía. La ley. Unidad 2 119

LA NATURALEZA 121
La tierra. Unidad 1 121

122. El espacio 121
123. La tierra 122
124. Los puntos cardinales 123
125. El mar. El océano 123
126. Los nombres de los mares y los océanos 124
127. Las montañas 125
128. Los nombres de las montañas 126
129. Los ríos 126
130. Los nombres de los ríos 127
131. El bosque 127
132. Los recursos naturales 128

La tierra. Unidad 2 130

133. El tiempo 130
134. Los eventos climáticos severos. Los desastres naturales 131

La fauna 132

135. Los mamíferos. Los predadores 132
136. Los animales salvajes 132
137. Los animales domésticos 133
138. Los pájaros 134
139. Los peces. Los animales marinos 136
140. Los anfibios. Los reptiles 136
141. Los insectos 137

La flora 138

142. Los árboles 138
143. Los arbustos 138
144. Las frutas. Las bayas 139
145. Las flores. Las plantas 140
146. Los cereales, los granos 141

LOS PAÍSES. LAS NACIONALIDADES 142

147. Europa occidental 142
148. Europa central y oriental 142
149. Los países de la antes Unión Soviética 143
150. Asia 143
151. América del Norte 144
152. Centroamérica y Sudamérica 144
153. África 145
154. Australia. Oceanía 145
155. Las ciudades 145

GUÍA DE PRONUNCIACIÓN

La letra	Ejemplo noruego	T&P alfabeto fonético	Ejemplo español
Aa	plass	[ɑ], [ɑ:]	altura
Bb	bøtte, albue	[b]	en barco
Cc [1]	centimeter	[s]	salva
Cc [2]	Canada	[k]	charco
Dd	radius	[d]	desierto
Ee	rett	[e:]	sexto
Ee [3]	begå	[ɛ]	mes
Ff	fattig	[f]	golf
Gg [4]	golf	[g]	jugada
Gg [5]	gyllen	[j]	asiento
Gg [6]	regnbue	[ŋ]	manga
Hh	hektar	[ɦ]	mejicano
Ii	kilometer	[i], [i]	hundirse
Kk	konge	[k]	charco
Kk [7]	kirke	[ɦ]	mejicano
Jj	fjerde	[j]	asiento
kj	bikkje	[ɦ]	mejicano
Ll	halvår	[l]	lira
Mm	middag	[m]	nombre
Nn	november	[n]	número
ng	langt	[ŋ]	manga
Oo [8]	honning	[ɔ]	costa
Oo [9]	fot, krone	[u]	mundo
Pp	plomme	[p]	precio
Qq	sequoia	[k]	charco
Rr	sverge	[r]	era, alfombra
Ss	appelsin	[s]	salva
sk [10]	skikk, skyte	[ʃ]	shopping
Tt	stør, torsk	[t]	torre
Uu	brudd	[y]	pluma
Vv	kraftverk	[v]	travieso
Ww	webside	[v]	travieso
Xx	mexicaner	[ks]	taxi
Yy	nytte	[i], [i]	hundirse
Zz [11]	New Zealand	[s]	quetzal
Ææ	vær, stær	[æ]	vencer
Øø	ørn, gjø	[ø]	alemán - Hölle
Åå	gås, værhår	[o:]	domicilio

Comentarios

[1] delante de **e, i**

[2] en el resto de los casos

[3] Átono

[4] delante de **a, o, u, å**

[5] delante de **i, y**

[6] en la combinación **gn**

[7] delante de **i, y**

[8] delante de dos consonantes

[9] delante de una consonante

[10] delante de **i, y**

[11] en palabras prestadas solamente

ABREVIATURAS
usadas en el vocabulario

Abreviatura en español

adj	-	adjetivo
adv	-	adverbio
anim.	-	animado
conj	-	conjunción
etc.	-	etcétera
f	-	sustantivo femenino
f pl	-	femenino plural
fam.	-	uso familiar
fem.	-	femenino
form.	-	uso formal
inanim.	-	inanimado
innum.	-	innumerable
m	-	sustantivo masculino
m pl	-	masculino plural
m, f	-	masculino, femenino
masc.	-	masculino
mat	-	matemáticas
mil.	-	militar
num.	-	numerable
p.ej.	-	por ejemplo
pl	-	plural
pron	-	pronombre
sg	-	singular
v aux	-	verbo auxiliar
vi	-	verbo intransitivo
vi, vt	-	verbo intransitivo, verbo transitivo
vr	-	verbo reflexivo
vt	-	verbo transitivo

Abreviatura en noruego

f	-	sustantivo femenino
f pl	-	femenino plural
m	-	sustantivo masculino
m pl	-	masculino plural
m/f	-	masculino, femenino
m/f pl	-	masculino/femenino plural
m/f/n	-	masculino/femenino/neutro

m/n	-	masculino, neutro
n	-	neutro
n pl	-	género neutro plural
pl	-	plural

CONCEPTOS BÁSICOS

Conceptos básicos. Unidad 1

1. Los pronombres

yo	jeg	['jæj]
tú	du	[dʉ]
él	han	['hɑn]
ella	hun	['hʉn]
ello	det, den	['de], ['den]
nosotros, -as	vi	['vi]
vosotros, -as	dere	['derə]
ellos, ellas	de	['de]

2. Saludos. Salutaciones. Despedidas

¡Hola! (fam.)	Hei!	['hæj]
¡Hola! (form.)	Hallo! God dag!	[hɑ'lʉ], [gʉ 'dɑ]
¡Buenos días!	God morn!	[gʉ 'mɔːn̩]
¡Buenas tardes!	God dag!	[gʉ'dɑ]
¡Buenas noches!	God kveld!	[gʉ 'kvɛl]
decir hola	å hilse	[ɔ 'hilsə]
¡Hola! (a un amigo)	Hei!	['hæj]
saludo (m)	hilsen (m)	['hilsən]
saludar (vt)	å hilse	[ɔ 'hilsə]
¿Cómo estáis?	Hvordan står det til?	['vʉːdɑn stoːr de til]
¿Cómo estás?	Hvordan går det?	['vʉːdɑn gor de]
¿Qué hay de nuevo?	Hva nytt?	[va 'nʏt]
¡Hasta la vista! (form.)	Ha det bra!	[hɑ de 'brɑ]
¡Hasta la vista! (fam.)	Ha det!	[hɑ 'de]
¡Hasta pronto!	Vi ses!	[vi sɛs]
¡Adiós!	Farvel!	[fɑr'vɛl]
despedirse (vr)	å si farvel	[ɔ 'si fɑr'vɛl]
¡Hasta luego!	Ha det!	[hɑ 'de]
¡Gracias!	Takk!	['tɑk]
¡Muchas gracias!	Tusen takk!	['tʉsən tɑk]
De nada	Bare hyggelig	['bɑrə 'hʏgeli]
No hay de qué	Ikke noe å takke for!	['ikə 'nʉe ɔ 'tɑkə fɔr]
De nada	Ingen årsak!	['iŋən 'oːʂɑk]
¡Disculpa!	Unnskyld, ...	['ʉnˌʂyl ...]
¡Disculpe!	Unnskyld meg, ...	['ʉnˌʂyl me ...]

disculpar (vt)	å unnskylde	[ɔ 'ʉnˌʂylə]
disculparse (vr)	å unnskylde seg	[ɔ 'ʉnˌʂylə sæj]
Mis disculpas	Jeg ber om unnskyldning	[jæj ber ɔm 'ʉnˌʂyldniŋ]
¡Perdóneme!	Unnskyld!	['ʉnˌʂyl]
perdonar (vt)	å tilgi	[ɔ 'tilˌji]
¡No pasa nada!	Ikke noe problem	['ikə 'nʉe prʊ'blem]
por favor	vær så snill	['vær ʂɔ 'snil]
¡No se le olvide!	Ikke glem!	['ikə 'glem]
¡Ciertamente!	Selvfølgelig!	[sɛl'følgəli]
¡Claro que no!	Selvfølgelig ikke!	[sɛl'følgəli 'ikə]
¡De acuerdo!	OK! Enig!	[ɔ'kɛj], ['ɛni]
¡Basta!	Det er nok!	[de ær 'nɔk]

3. Como dirigirse a otras personas

¡Perdóneme!	Unnskyld, ...	['ʉnˌʂyl ...]
señor	Herr	['hær]
señora	Fru	['frʉ]
señorita	Frøken	['frøkən]
joven	unge mann	['ʉŋə ˌmɑn]
niño	guttunge	['gʉtˌʉŋə]
niña	frøken	['frøkən]

4. Números cardinales. Unidad 1

cero	null	['nʉl]
uno	en	['en]
dos	to	['tʊ]
tres	tre	['tre]
cuatro	fire	['fire]
cinco	fem	['fɛm]
seis	seks	['sɛks]
siete	sju	['ʂʉ]
ocho	åtte	['ɔtə]
nueve	ni	['ni]
diez	ti	['ti]
once	elleve	['ɛlvə]
doce	tolv	['tɔl]
trece	tretten	['trɛtən]
catorce	fjorten	['fjɔːʈən]
quince	femten	['fɛmtən]
dieciséis	seksten	['sæjstən]
diecisiete	sytten	['sʏtən]
dieciocho	atten	['ɑtən]
diecinueve	nitten	['nitən]
veinte	tjue	['çʉe]
veintiuno	tjueen	['çʉe en]

veintidós	tjueto	['çʉe tʉ]
veintitrés	tjuetre	['çʉe tre]
treinta	tretti	['trɛti]
treinta y uno	trettien	['trɛti en]
treinta y dos	trettito	['trɛti tʉ]
treinta y tres	trettitre	['trɛti tre]
cuarenta	førti	['fœ:ʈi]
cuarenta y uno	førtien	['fœ:ʈi en]
cuarenta y dos	førtito	['fœ:ʈi tʉ]
cuarenta y tres	førtitre	['fœ:ʈi tre]
cincuenta	femti	['fɛmti]
cincuenta y uno	femtien	['fɛmti en]
cincuenta y dos	femtito	['fɛmti tʉ]
cincuenta y tres	femtitre	['fɛmti tre]
sesenta	seksti	['sɛksti]
sesenta y uno	sekstien	['sɛksti en]
sesenta y dos	sekstito	['sɛksti tʉ]
sesenta y tres	sekstitre	['sɛksti tre]
setenta	sytti	['sʏti]
setenta y uno	syttien	['sʏti en]
setenta y dos	syttito	['sʏti tʉ]
setenta y tres	syttitre	['sʏti tre]
ochenta	åtti	['ɔti]
ochenta y uno	åttien	['ɔti en]
ochenta y dos	åttito	['ɔti tʉ]
ochenta y tres	åttitre	['ɔti tre]
noventa	nitti	['niti]
noventa y uno	nittien	['niti en]
noventa y dos	nittito	['niti tʉ]
noventa y tres	nittitre	['niti tre]

5. Números cardinales. Unidad 2

cien	hundre	['hʉndrə]
doscientos	to hundre	['tʉ ˌhʉndrə]
trescientos	tre hundre	['tre ˌhʉndrə]
cuatrocientos	fire hundre	['fire ˌhʉndrə]
quinientos	fem hundre	['fɛm ˌhʉndrə]
seiscientos	seks hundre	['sɛks ˌhʉndrə]
setecientos	syv hundre	['sʏv ˌhʉndrə]
ochocientos	åtte hundre	['ɔtə ˌhʉndrə]
novecientos	ni hundre	['ni ˌhʉndrə]
mil	tusen	['tʉsən]
dos mil	to tusen	['tʉ ˌtʉsən]
tres mil	tre tusen	['tre ˌtʉsən]

diez mil	ti tusen	['ti ˌtʉsən]
cien mil	hundre tusen	['hʉndrə ˌtʉsən]
millón (m)	million (m)	[mi'ljun]
mil millones	milliard (m)	[mi'lja:d]

6. Números ordinales

primero (adj)	første	['fœʂtə]
segundo (adj)	annen	['anən]
tercero (adj)	tredje	['trɛdjə]
cuarto (adj)	fjerde	['fjærə]
quinto (adj)	femte	['fɛmtə]

sexto (adj)	sjette	['ʂɛtə]
séptimo (adj)	sjuende	['ʂʉenə]
octavo (adj)	åttende	['ɔtenə]
noveno (adj)	niende	['nienə]
décimo (adj)	tiende	['tienə]

7. Números. Fracciones

fracción (f)	brøk (m)	['brøk]
un medio	en halv	[en 'hal]
un tercio	en tredjedel	[en 'trɛdjəˌdel]
un cuarto	en fjerdedel	[en 'fjærəˌdel]

un octavo	en åttendedel	[en 'ɔtenəˌdel]
un décimo	en tiendedel	[en 'tienəˌdel]
dos tercios	to tredjedeler	['tʉ 'trɛdjəˌdelər]
tres cuartos	tre fjerdedeler	['tre 'fjærˌdelər]

8. Números. Operaciones básicas

sustracción (f)	subtraksjon (m)	[sʉbtrak'ʂʉn]
sustraer (vt)	å subtrahere	[ɔ 'sʉbtraˌherə]
división (f)	divisjon (m)	[divi'ʂʉn]
dividir (vt)	å dividere	[ɔ divi'derə]

adición (f)	addisjon (m)	[adi'ʂʉn]
sumar (totalizar)	å addere	[ɔ a'derə]
adicionar (vt)	å addere	[ɔ a'derə]
multiplicación (f)	multiplikasjon (m)	[mʉltiplika'ʂʉn]
multiplicar (vt)	å multiplisere	[ɔ mʉltipli'serə]

9. Números. Miscelánea

| cifra (f) | siffer (n) | ['sifər] |
| número (m) (~ cardinal) | tall (n) | ['tal] |

numeral (m)	tallord (n)	['tɑlˌuːr]
menos (m)	minus (n)	['minʉs]
más (m)	pluss (n)	['plʉs]
fórmula (f)	formel (m)	['fɔrməl]

cálculo (m)	beregning (m/f)	[be'rɛjniŋ]
contar (vt)	å telle	[ɔ 'tɛlə]
calcular (vt)	å telle opp	[ɔ 'tɛlə ɔp]
comparar (vt)	å sammenlikne	[ɔ 'sɑmənˌliknə]

| ¿Cuánto? (innum.) | Hvor mye? | [vʊr 'mye] |
| ¿Cuánto? (num.) | Hvor mange? | [vʊr 'mɑŋə] |

suma (f)	sum (m)	['sʉm]
resultado (m)	resultat (n)	[resʉl'tɑt]
resto (m)	rest (m)	['rɛst]

algunos, algunas ...	noen	['nʊən]
poco (num.)	få, ikke mange	['fɔ], ['ikə ˌmɑŋə]
poco (innum.)	lite	['litə]
resto (m)	rest (m)	['rɛst]
uno y medio	halvannen	[hɑl'ɑnən]
docena (f)	dusin (n)	[dʉ'sin]

en dos	i 2 halvdeler	[i tʉ hɑl'delər]
en partes iguales	jevnt	['jɛvnt]
mitad (f)	halvdel (m)	['hɑldel]
vez (f)	gang (m)	['gɑŋ]

10. Los verbos más importantes. Unidad 1

abrir (vt)	å åpne	[ɔ 'ɔpnə]
acabar, terminar (vt)	å slutte	[ɔ 'şlʉtə]
aconsejar (vt)	å råde	[ɔ 'roːdə]
adivinar (vt)	å gjette	[ɔ 'jɛtə]
advertir (vt)	å varsle	[ɔ 'vɑşlə]
alabarse, jactarse (vr)	å prale	[ɔ 'prɑlə]

almorzar (vi)	å spise lunsj	[ɔ 'spisə ˌlʉnş]
alquilar (~ una casa)	å leie	[ɔ 'læjə]
amenazar (vt)	å true	[ɔ 'trʉə]
arrepentirse (vr)	å beklage	[ɔ be'klɑgə]
ayudar (vt)	å hjelpe	[ɔ 'jɛlpə]
bañarse (vr)	å bade	[ɔ 'bɑdə]

bromear (vi)	å spøke	[ɔ 'spøkə]
buscar (vt)	å søke ...	[ɔ 'søkə ...]
caer (vi)	å falle	[ɔ 'fɑlə]
callarse (vr)	å tie	[ɔ 'tie]
cambiar (vt)	å endre	[ɔ 'ɛndrə]
castigar, punir (vt)	å straffe	[ɔ 'strɑfə]

| cavar (vt) | å grave | [ɔ 'grɑvə] |
| cazar (vi, vt) | å jage | [ɔ 'jɑgə] |

cenar (vi)	å spise middag	[ɔ 'spisə 'mi‚dɑ]
cesar (vt)	å slutte	[ɔ 'ʂlʉtə]
coger (vt)	å fange	[ɔ 'fɑŋə]
comenzar (vt)	å begynne	[ɔ be'jinə]

comparar (vt)	å sammenlikne	[ɔ 'sɑmən‚liknə]
comprender (vt)	å forstå	[ɔ fɔ'ʂtɔ]
confiar (vt)	å stole på	[ɔ 'stʉlə pɔ]
confundir (vt)	å forveksle	[ɔ fɔr'vɛkʂlə]
conocer (~ a alguien)	å kjenne	[ɔ 'çɛnə]
contar (vt) (enumerar)	å telle	[ɔ 'tɛlə]

contar con ...	å regne med ...	[ɔ 'rɛjnə me ...]
continuar (vt)	å fortsette	[ɔ 'fɔrt‚sɛtə]
controlar (vt)	å kontrollere	[ɔ kʉntrɔ'lerə]
correr (vi)	å løpe	[ɔ 'løpə]
costar (vt)	å koste	[ɔ 'kɔstə]
crear (vt)	å opprette	[ɔ 'ɔp‚rɛtə]

11. Los verbos más importantes. Unidad 2

dar (vt)	å gi	[ɔ 'ji]
dar una pista	å gi et vink	[ɔ 'ji et 'vink]
decir (vt)	å si	[ɔ 'si]
decorar (para la fiesta)	å pryde	[ɔ 'prydə]

defender (vt)	å forsvare	[ɔ fɔ'ʂvɑrə]
dejar caer	å tappe	[ɔ 'tɑpə]
desayunar (vi)	å spise frokost	[ɔ 'spisə ‚frʉkɔst]
descender (vi)	å gå ned	[ɔ 'gɔ ne]

dirigir (administrar)	å styre, å lede	[ɔ 'styrə], [ɔ 'ledə]
disculpar (vt)	å unnskylde	[ɔ 'ʉn‚ʂylə]
disculparse (vr)	å unnskylde seg	[ɔ 'ʉn‚ʂylə sæj]
discutir (vt)	å diskutere	[ɔ diskʉ'terə]
dudar (vt)	å tvile	[ɔ 'tvilə]

encontrar (hallar)	å finne	[ɔ 'finə]
engañar (vi, vt)	å fuske	[ɔ 'fʉskə]
entrar (vi)	å komme inn	[ɔ 'kɔmə in]
enviar (vt)	å sende	[ɔ 'sɛnə]

equivocarse (vr)	å gjøre feil	[ɔ 'jørə ‚fæjl]
escoger (vt)	å velge	[ɔ 'vɛlgə]
esconder (vt)	å gjemme	[ɔ 'jɛmə]
escribir (vt)	å skrive	[ɔ 'skrivə]
esperar (aguardar)	å vente	[ɔ 'vɛntə]

esperar (tener esperanza)	å håpe	[ɔ 'hoːpə]
estar de acuerdo	å samtykke	[ɔ 'sɑm‚tʏkə]
estudiar (vt)	å studere	[ɔ stʉ'derə]

| exigir (vt) | å kreve | [ɔ 'krevə] |
| existir (vi) | å eksistere | [ɔ ɛksi'sterə] |

explicar (vt)	å forklare	[ɔ fɔr'klɑrə]
faltar (a las clases)	å skulke	[ɔ 'skʉlkə]
firmar (~ el contrato)	å underskrive	[ɔ 'ʉnə‚skrivə]

girar (~ a la izquierda)	å svinge	[ɔ 'sviŋə]
gritar (vi)	å skrike	[ɔ 'skrikə]
guardar (conservar)	å beholde	[ɔ be'hɔlə]
gustar (vi)	å like	[ɔ 'likə]
hablar (vi, vt)	å tale	[ɔ 'tɑlə]

hacer (vt)	å gjøre	[ɔ 'jørə]
informar (vt)	å informere	[ɔ infɔr'merə]
insistir (vi)	å insistere	[ɔ insi'sterə]
insultar (vt)	å fornærme	[ɔ fɔ:'ŋærmə]

interesarse (vr)	å interessere seg	[ɔ intərə'serə sæj]
invitar (vt)	å innby, å invitere	[ɔ 'inby], [ɔ invi'terə]
ir (a pie)	å gå	[ɔ 'gɔ]
jugar (divertirse)	å leke	[ɔ 'lekə]

12. Los verbos más importantes. Unidad 3

leer (vi, vt)	å lese	[ɔ 'lesə]
liberar (ciudad, etc.)	å befri	[ɔ be'fri]
llamar (por ayuda)	å tilkalle	[ɔ 'til‚kɑlə]
llegar (vi)	å ankomme	[ɔ 'an‚kɔmə]
llorar (vi)	å gråte	[ɔ 'gro:tə]

matar (vt)	å døde, å myrde	[ɔ 'dødə], [ɔ 'mʏ:də]
mencionar (vt)	å omtale, å nevne	[ɔ 'ɔm‚tɑlə], [ɔ 'nɛvnə]
mostrar (vt)	å vise	[ɔ 'visə]
nadar (vi)	å svømme	[ɔ 'svœmə]

negarse (vr)	å vegre seg	[ɔ 'vɛgrə sæj]
objetar (vt)	å innvende	[ɔ 'in‚vɛnə]
observar (vt)	å observere	[ɔ ɔbsɛr'verə]
oír (vt)	å høre	[ɔ 'hørə]

olvidar (vt)	å glemme	[ɔ 'glemə]
orar (vi)	å be	[ɔ 'be]
ordenar (mil.)	å beordre	[ɔ be'ɔrdrə]
pagar (vi, vt)	å betale	[ɔ be'tɑlə]
pararse (vr)	å stoppe	[ɔ 'stɔpə]

participar (vi)	å delta	[ɔ 'dɛltɑ]
pedir (ayuda, etc.)	å be	[ɔ 'be]
pedir (en restaurante)	å bestille	[ɔ be'stilə]
pensar (vi, vt)	å tenke	[ɔ 'tɛnkə]

percibir (ver)	å bemerke	[ɔ be'mærkə]
perdonar (vt)	å tilgi	[ɔ 'til‚ji]
permitir (vt)	å tillate	[ɔ 'ti‚lɑtə]
pertenecer a ...	å tilhøre ...	[ɔ 'til‚hørə ...]
planear (vt)	å planlegge	[ɔ 'plɑn‚legə]

poder (v aux)	å kunne	[ɔ 'kʉnə]
poseer (vt)	å besidde, å eie	[ɔ bɛ'sidə], [ɔ 'æje]
preferir (vt)	å foretrekke	[ɔ 'forə,trɛkə]
preguntar (vt)	å spørre	[ɔ 'spøre]

preparar (la cena)	å lage	[ɔ 'lagə]
prever (vt)	å forutse	[ɔ 'forʉt,sə]
probar, tentar (vt)	å prøve	[ɔ 'prøvə]
prometer (vt)	å love	[ɔ 'lɔvə]
pronunciar (vt)	å uttale	[ɔ 'ʉt,talə]

proponer (vt)	å foreslå	[ɔ 'forə,ʂlɔ]
quebrar (vt)	å bryte	[ɔ 'brytə]
quejarse (vr)	å klage	[ɔ 'klagə]
querer (amar)	å elske	[ɔ 'ɛlskə]
querer (desear)	å ville	[ɔ 'vilə]

13. Los verbos más importantes. Unidad 4

recomendar (vt)	å anbefale	[ɔ 'anbe,falə]
regañar, reprender (vt)	å skjelle	[ɔ 'ʂɛːlə]
reírse (vr)	å le, å skratte	[ɔ 'le], [ɔ 'skratə]
repetir (vt)	å gjenta	[ɔ 'jɛnta]
reservar (~ una mesa)	å reservere	[ɔ resɛr'verə]
responder (vi, vt)	å svare	[ɔ 'svarə]

robar (vt)	å stjele	[ɔ 'stjelə]
saber (~ algo mas)	å vite	[ɔ 'vitə]
salir (vi)	å gå ut	[ɔ 'gɔ ʉt]
salvar (vt)	å redde	[ɔ 'rɛdə]
seguir ...	å følge etter ...	[ɔ 'følə 'ɛtər ...]
sentarse (vr)	å sette seg	[ɔ 'sɛtə sæj]

ser necesario	å være behøv	[ɔ 'værə bə'høv]
ser, estar (vi)	å være	[ɔ 'værə]
significar (vt)	å bety	[ɔ 'bety]
sonreír (vi)	å smile	[ɔ 'smilə]
sorprenderse (vr)	å bli forundret	[ɔ 'bli fɔ'rʉndrət]

subestimar (vt)	å undervurdere	[ɔ 'ʉnərvuːˌɖerə]
tener (vt)	å ha	[ɔ 'ha]
tener hambre	å være sulten	[ɔ 'værə 'sʉltən]
tener miedo	å frykte	[ɔ 'fryktə]

tener prisa	å skynde seg	[ɔ 'ʂynə sæj]
tener sed	å være tørst	[ɔ 'værə 'tœʂt]
tirar, disparar (vi)	å skyte	[ɔ 'ʂytə]
tocar (con las manos)	å røre	[ɔ 'rørə]
tomar (vt)	å ta	[ɔ 'ta]
tomar nota	å skrive ned	[ɔ 'skrive ne]

trabajar (vi)	å arbeide	[ɔ 'ar,bæjdə]
traducir (vt)	å oversette	[ɔ 'ove,ʂɛtə]
unir (vt)	å forene	[ɔ fɔ'renə]

vender (vt)	**å selge**	[ɔ 'sɛlə]
ver (vt)	**å se**	[ɔ 'se]
volar (pájaro, avión)	**å fly**	[ɔ 'fly]

14. Los colores

color (m)	**farge** (m)	['farɡə]
matiz (m)	**nyanse** (m)	[ny'anse]
tono (m)	**fargetone** (m)	['farɡəˌtʊnə]
arco (m) iris	**regnbue** (m)	['ræjnˌbʉːə]
blanco (adj)	**hvit**	['vit]
negro (adj)	**svart**	['svaːʈ]
gris (adj)	**grå**	['ɡrɔ]
verde (adj)	**grønn**	['ɡrœn]
amarillo (adj)	**gul**	['ɡʉl]
rojo (adj)	**rød**	['rø]
azul (adj)	**blå**	['blɔ]
azul claro (adj)	**lyseblå**	['lysəˌblɔ]
rosa (adj)	**rosa**	['rosa]
naranja (adj)	**oransje**	[ɔ'ranʂɛ]
violeta (adj)	**fiolett**	[fiʊ'lət]
marrón (adj)	**brun**	['brʉn]
dorado (adj)	**gullgul**	['ɡʉl]
argentado (adj)	**sølv-**	['søl-]
beige (adj)	**beige**	['bɛːʂ]
crema (adj)	**kremfarget**	['krɛmˌfarɡət]
turquesa (adj)	**turkis**	[tʊr'kis]
rojo cereza (adj)	**kirsebærrød**	['çiʂəbærˌrød]
lila (adj)	**lilla**	['lila]
carmesí (adj)	**karminrød**	['karmʊ'sinˌrød]
claro (adj)	**lys**	['lys]
oscuro (adj)	**mørk**	['mœrk]
vivo (adj)	**klar**	['klar]
de color (lápiz ~)	**farge-**	['farɡə-]
en colores (película ~)	**farge-**	['farɡə-]
blanco y negro (adj)	**svart-hvit**	['svaːʈ vit]
unicolor (adj)	**ensfarget**	['ɛnsˌfarɡət]
multicolor (adj)	**mangefarget**	['maŋəˌfarɡət]

15. Las preguntas

¿Quién?	**Hvem?**	['vɛm]
¿Qué?	**Hva?**	['va]
¿Dónde?	**Hvor?**	['vʊr]
¿Adónde?	**Hvorhen?**	['vʊrhen]

¿De dónde?	Hvorfra?	['vʊrfrɑ]
¿Cuándo?	Når?	[nɔr]
¿Para qué?	Hvorfor?	['vʊrfʊr]
¿Por qué?	Hvorfor?	['vʊrfʊr]

¿Por qué razón?	Hvorfor?	['vʊrfʊr]
¿Cómo?	Hvordan?	['vʊːdɑn]
¿Qué ...? (~ color)	Hvilken?	['vilkən]
¿Cuál?	Hvilken?	['vilkən]

¿A quién?	Til hvem?	[til 'vɛm]
¿De quién? (~ hablan ...)	Om hvem?	[ɔm 'vɛm]
¿De qué?	Om hva?	[ɔm 'vɑ]
¿Con quién?	Med hvem?	[me 'vɛm]

¿Cuánto? (innum.)	Hvor mye?	[vʊr 'mye]
¿Cuánto? (num.)	Hvor mange?	[vʊr 'mɑŋə]
¿De quién? (~ es este ...)	Hvis?	['vis]

16. Las preposiciones

con ... (~ algn)	med	[me]
sin ... (~ azúcar)	uten	['ʉtən]
a ... (p.ej. voy a México)	til	['til]
de ... (hablar ~)	om	['ɔm]
antes de ...	før	['før]
delante de ...	foran, framfor	['fɔrɑn], ['frɑmfɔr]

debajo	under	['ʉnər]
sobre ..., encima de ...	over	['ɔvər]
en, sobre (~ la mesa)	på	['pɔ]
de (origen)	fra	['frɑ]
de (fabricado de)	av	[ɑː]

| dentro de ... | om | ['ɔm] |
| encima de ... | over | ['ɔvər] |

17. Las palabras útiles. Los adverbios. Unidad 1

¿Dónde?	Hvor?	['vʊr]
aquí (adv)	her	['hɛr]
allí (adv)	der	['dɛr]

| en alguna parte | et sted | [et 'sted] |
| en ninguna parte | ingensteds | ['iŋənˌstɛts] |

| junto a ... | ved | ['ve] |
| junto a la ventana | ved vinduet | [ve 'vindʉə] |

¿A dónde?	Hvorhen?	['vʊrhen]
aquí (venga ~)	hit	['hit]
allí (vendré ~)	dit	['dit]

de aquí (adv)	herfra	['hɛr.fra]
de allí (adv)	derfra	['dɛr.fra]

cerca (no lejos)	nær	['nær]
lejos (adv)	langt	['laŋt]

cerca de ...	nær	['nær]
al lado (de ...)	i nærheten	[i 'nær.hetən]
no lejos (adv)	ikke langt	['ikə 'laŋt]

izquierdo (adj)	venstre	['vɛnstrə]
a la izquierda (situado ~)	til venstre	[til 'vɛnstrə]
a la izquierda (girar ~)	til venstre	[til 'vɛnstrə]

derecho (adj)	høyre	['højrə]
a la derecha (situado ~)	til høyre	[til 'højrə]
a la derecha (girar)	til høyre	[til 'højrə]

delante (yo voy ~)	foran	['foran]
delantero (adj)	fremre	['frɛmrə]
adelante (movimiento)	fram	['fram]

detrás de ...	bakom	['bakɔm]
desde atrás	bakfra	['bak.fra]
atrás (da un paso ~)	tilbake	[til'bakə]

centro (m), medio (m)	midt (m)	['mit]
en medio (adv)	i midten	[i 'mitən]

de lado (adv)	fra siden	[fra 'sidən]
en todas partes	overalt	[ɔvər'alt]
alrededor (adv)	rundt omkring	['rʉnt ɔm'kriŋ]

de dentro (adv)	innefra	['inə.fra]
a alguna parte	et sted	[et 'sted]
todo derecho (adv)	rett, direkte	['rɛt], ['di'rɛktə]
atrás (muévelo para ~)	tilbake	[til'bakə]

de alguna parte (adv)	et eller annet steds fra	[et 'elər ˌaːnt 'stɛts fra]
no se sabe de dónde	et eller annet steds fra	[et 'elər ˌaːnt 'stɛts fra]

primero (adv)	for det første	[fɔr de 'fœʂtə]
segundo (adv)	for det annet	[fɔr de 'aːnt]
tercero (adv)	for det tredje	[fɔr de 'trɛdje]

de súbito (adv)	plutselig	['plʉtseli]
al principio (adv)	i begynnelsen	[i be'jinəlsən]
por primera vez	for første gang	[fɔr 'fœʂtə ˌgaŋ]
mucho tiempo antes ...	lenge før ...	['leŋə 'før ...]
de nuevo (adv)	på nytt	[pɔ 'nʏt]
para siempre (adv)	for godt	[fɔr 'gɔt]

jamás, nunca (adv)	aldri	['aldri]
de nuevo (adv)	igjen	[i'jɛn]
ahora (adv)	nå	['nɔ]
frecuentemente (adv)	ofte	['ɔftə]

entonces (adv)	da	['da]
urgentemente (adv)	omgående	['ɔm‚gɔːnə]
usualmente (adv)	vanligvis	['vanli‚vis]
a propósito, ...	forresten, ...	[fɔ'rɛstən ...]
es probable	mulig, kanskje	['mʉli], ['kanşə]
probablemente (adv)	sannsynligvis	[san'synli‚vis]
tal vez	kanskje	['kanşə]
además ...	dessuten, ...	[des'ʉtən ...]
por eso ...	derfor ...	['dɛrfɔr ...]
a pesar de ...	på tross av ...	['pɔ 'trɔs ɑː ...]
gracias a ...	takket være ...	['takət ‚værə ...]
qué (pron)	hva	['va]
que (conj)	at	[at]
algo (~ le ha pasado)	noe	['nʊə]
algo (~ así)	noe	['nʊə]
nada (f)	ingenting	['iŋəntiŋ]
quien	hvem	['vɛm]
alguien (viene ~)	noen	['nʊən]
alguien (¿ha llamado ~?)	noen	['nʊən]
nadie	ingen	['iŋən]
a ninguna parte	ingensteds	['iŋən‚stɛts]
de nadie	ingens	['iŋəns]
de alguien	noens	['nʊəns]
tan, tanto (adv)	så	['sɔː]
también (~ habla francés)	også	['ɔsɔ]
también (p.ej. Yo ~)	også	['ɔsɔ]

18. Las palabras útiles. Los adverbios. Unidad 2

¿Por qué?	Hvorfor?	['vʊrfʊr]
no se sabe porqué	av en eller annen grunn	[ɑː en elər 'anən ‚grʉn]
porque ...	fordi ...	[fɔ'di ...]
por cualquier razón (adv)	av en eller annen grunn	[ɑː en elər 'anən ‚grʉn]
y (p.ej. uno y medio)	og	['ɔ]
o (p.ej. té o café)	eller	['elər]
pero (p.ej. me gusta, ~)	men	['men]
para (p.ej. es para ti)	for, til	[fɔr], [til]
demasiado (adv)	for, altfor	['fɔr], ['altfɔr]
sólo, solamente (adv)	bare	['barə]
exactamente (adv)	presis, eksakt	[prɛ'sis], [ɛk'sakt]
unos ...,	cirka	['sirka]
cerca de ... (~ 10 kg)		
aproximadamente	omtrent	[ɔm'trɛnt]
aproximado (adj)	omtrentlig	[ɔm'trɛntli]
casi (adv)	nesten	['nɛstən]
resto (m)	rest (m)	['rɛst]

el otro (adj)	den annen	[den 'anən]
otro (p.ej. el otro día)	andre	['andrə]
cada (adj)	hver	['vɛr]
cualquier (adj)	hvilken som helst	['vilkən som 'hɛlst]
mucho (adv)	mye	['mye]
muchos (mucha gente)	mange	['maŋə]
todos	alle	['alə]

a cambio de …	til gjengjeld for …	[til 'jɛnjɛl for …]
en cambio (adv)	istedenfor	[i'steden,for]
a mano (hecho ~)	for hånd	[for 'hon]
poco probable	neppe	['nepə]

probablemente	sannsynligvis	[san'sʏnli,vis]
a propósito (adv)	med vilje	[me 'vilje]
por accidente (adv)	tilfeldigvis	[til'fɛldivis]

muy (adv)	meget	['megət]
por ejemplo (adv)	for eksempel	[for ɛk'sɛmpəl]
entre (~ nosotros)	mellom	['mɛlom]
entre (~ otras cosas)	blant	['blant]
tanto (~ gente)	så mye	['so: mye]
especialmente (adv)	særlig	['sæ:ḽi]

Conceptos básicos. Unidad 2

19. Los días de la semana

lunes (m)	**mandag** (m)	['man,da]
martes (m)	**tirsdag** (m)	['tiʂ,da]
miércoles (m)	**onsdag** (m)	['ʊns,da]
jueves (m)	**torsdag** (m)	['tɔʂ,da]
viernes (m)	**fredag** (m)	['frɛ,da]
sábado (m)	**lørdag** (m)	['lør,da]
domingo (m)	**søndag** (m)	['søn,da]
hoy (adv)	**i dag**	[i 'da]
mañana (adv)	**i morgen**	[i 'mɔ:ən]
pasado mañana	**i overmorgen**	[i 'ɔvər,mɔ:ən]
ayer (adv)	**i går**	[i 'gɔr]
anteayer (adv)	**i forgårs**	[i 'fɔr,gɔʂ]
día (m)	**dag** (m)	['da]
día (m) de trabajo	**arbeidsdag** (m)	['arbæjds,da]
día (m) de fiesta	**festdag** (m)	['fɛst,da]
día (m) de descanso	**fridag** (m)	['fri,da]
fin (m) de semana	**ukeslutt** (m), **helg** (f)	['ʉkə,slʉt], ['hɛlg]
todo el día	**hele dagen**	['hele 'dagen]
al día siguiente	**neste dag**	['nɛstə ,da]
dos días atrás	**for to dager siden**	[fɔr tʊ 'dager ,sidən]
en vísperas (adv)	**dagen før**	['dagen 'før]
diario (adj)	**daglig**	['dagli]
cada día (adv)	**hver dag**	['vɛr da]
semana (f)	**uke** (m/f)	['ʉkə]
semana (f) pasada	**siste uke**	['sistə 'ʉkə]
semana (f) que viene	**i neste uke**	[i 'nɛstə 'ʉkə]
semanal (adj)	**ukentlig**	['ʉkentli]
cada semana (adv)	**hver uke**	['vɛr 'ʉkə]
2 veces por semana	**to ganger per uke**	['tʊ 'gaŋer per 'ʉkə]
todos los martes	**hver tirsdag**	['vɛr 'tiʂda]

20. Las horas. El día y la noche

mañana (f)	**morgen** (m)	['mɔ:ən]
por la mañana	**om morgenen**	[ɔm 'mɔ:enən]
mediodía (m)	**middag** (m)	['mi,da]
por la tarde	**om ettermiddagen**	[ɔm 'ɛtər,midagen]
noche (f)	**kveld** (m)	['kvɛl]
por la noche	**om kvelden**	[ɔm 'kvɛlən]

noche (f) (p.ej. 2:00 a.m.)	natt (m/f)	['nat]
por la noche	om natta	[ɔm 'nata]
medianoche (f)	midnatt (m/f)	['mid,nat]

segundo (m)	sekund (m/n)	[se'kʉn]
minuto (m)	minutt (n)	[mi'nʉt]
hora (f)	time (m)	['timə]
media hora (f)	halvtime (m)	['hal,timə]
cuarto (m) de hora	kvarter (n)	[kvɑːʈer]
quince minutos	femten minutter	['fɛmtən mi'nʉtər]
veinticuatro horas	døgn (n)	['døjn]

salida (f) del sol	soloppgang (m)	['sʉlɔp,gɑŋ]
amanecer (m)	daggry (n)	['dag,gry]
madrugada (f)	tidlig morgen (m)	['tili 'mɔːən]
puesta (f) del sol	solnedgang (m)	['sʉlned,gɑŋ]

de madrugada	tidlig om morgenen	['tili ɔm 'mɔːenən]
esta mañana	i morges	[i 'mɔrəs]
mañana por la mañana	i morgen tidlig	[i 'mɔːən 'tili]

esta tarde	i formiddag	[i 'fɔrmi,da]
por la tarde	om ettermiddagen	[ɔm 'ɛtər,midagən]
mañana por la tarde	i morgen ettermiddag	[i 'mɔːən 'ɛtər,mida]

esta noche (p.ej. 8:00 p.m.)	i kveld	[i 'kvɛl]
mañana por la noche	i morgen kveld	[i 'mɔːən ,kvɛl]

a las tres en punto	presis klokka tre	[prɛ'sis 'klɔka tre]
a eso de las cuatro	ved fire-tiden	[ve 'fire ,tidən]
para las doce	innen klokken tolv	['inən 'klɔkən tɔl]

dentro de veinte minutos	om tjue minutter	[ɔm 'çʉe mi'nʉtər]
dentro de una hora	om en time	[ɔm en 'timə]
a tiempo (adv)	i tide	[i 'tidə]

… menos cuarto	kvart på …	['kvɑːʈ pɔ …]
durante una hora	innen en time	['inən en 'time]
cada quince minutos	hvert kvarter	['vɛːʈ kvɑːˈʈer]
día y noche	døgnet rundt	['døjne ,rʉnt]

21. Los meses. Las estaciones

enero (m)	januar (m)	['janʉ,ar]
febrero (m)	februar (m)	['febrʉ,ar]
marzo (m)	mars (m)	['maʂ]
abril (m)	april (m)	[a'pril]
mayo (m)	mai (m)	['maj]
junio (m)	juni (m)	['jʉni]

julio (m)	juli (m)	['jʉli]
agosto (m)	august (m)	[aʉ'gʉst]
septiembre (m)	september (m)	[sep'tɛmbər]
octubre (m)	oktober (m)	[ɔk'tʉbər]

noviembre (m)	**november** (m)	[nʊ'vɛmbər]
diciembre (m)	**desember** (m)	[de'sɛmbər]
primavera (f)	**vår** (m)	['vɔːr]
en primavera	**om våren**	[ɔm 'vɔːrən]
de primavera (adj)	**vår-, vårlig**	['vɔːr-], ['vɔːli̩]
verano (m)	**sommer** (m)	['sɔmər]
en verano	**om sommeren**	[ɔm 'sɔmerən]
de verano (adj)	**sommer-**	['sɔmər-]
otoño (m)	**høst** (m)	['høst]
en otoño	**om høsten**	[ɔm 'høstən]
de otoño (adj)	**høst-, høstlig**	['høst-], ['høstli]
invierno (m)	**vinter** (m)	['vintər]
en invierno	**om vinteren**	[ɔm 'vinterən]
de invierno (adj)	**vinter-**	['vintər-]
mes (m)	**måned** (m)	['moːnət]
este mes	**denne måneden**	['dɛnə 'moːnedən]
al mes siguiente	**neste måned**	['nɛstə 'moːnət]
el mes pasado	**forrige måned**	['foriə ˌmoːnət]
hace un mes	**for en måned siden**	[for en 'moːnət ˌsiden]
dentro de un mes	**om en måned**	[ɔm en 'moːnət]
dentro de dos meses	**om to måneder**	[ɔm 'tʊ 'moːnedər]
todo el mes	**en hel måned**	[en 'hel 'moːnət]
todo un mes	**hele måned**	['helə 'moːnət]
mensual (adj)	**månedlig**	['moːnədli]
mensualmente (adv)	**månedligt**	['moːnedlət]
cada mes	**hver måned**	[ˌvɛr 'moːnət]
dos veces por mes	**to ganger per måned**	['tʊ 'gaŋər per 'moːnət]
año (m)	**år** (n)	['ɔr]
este año	**i år**	[i 'oːr]
el próximo año	**neste år**	['nɛstə ˌoːr]
el año pasado	**i fjor**	[i 'fjor]
hace un año	**for et år siden**	[for et 'oːr ˌsiden]
dentro de un año	**om et år**	[ɔm et 'oːr]
dentro de dos años	**om to år**	[ɔm 'tʊ 'oːr]
todo el año	**hele året**	['helə 'oːre]
todo un año	**hele året**	['helə 'oːre]
cada año	**hvert år**	['vɛːʈ 'oːr]
anual (adj)	**årlig**	['oːli]
anualmente (adv)	**årlig, hvert år**	['oːli], ['vɛːʈ 'or]
cuatro veces por año	**fire ganger per år**	['fire 'gaŋər per 'oːr]
fecha (f) (la ~ de hoy es …)	**dato** (m)	['dɑtʊ]
fecha (f) (~ de entrega)	**dato** (m)	['dɑtʊ]
calendario (m)	**kalender** (m)	[kɑ'lendər]
medio año (m)	**halvår** (n)	['hɑlˌoːr]
seis meses	**halvår** (n)	['hɑlˌoːr]

| estación (f) | årstid (m/f) | ['oːʂˌtid] |
| siglo (m) | århundre (n) | ['ɔrˌhʉndrə] |

22. Las unidades de medida

peso (m)	vekt (m)	['vɛkt]
longitud (f)	lengde (m/f)	['leŋdə]
anchura (f)	bredde (m)	['brɛdə]
altura (f)	høyde (m)	['højdə]
profundidad (f)	dybde (m)	['dʏbdə]
volumen (m)	volum (n)	[vɔ'lʉm]
área (f)	areal (n)	[ˌare'al]

gramo (m)	gram (n)	['gram]
miligramo (m)	milligram (n)	['miliˌgram]
kilogramo (m)	kilogram (n)	['çiluˌgram]
tonelada (f)	tonn (m/n)	['tɔn]
libra (f)	pund (n)	['pʉn]
onza (f)	unse (m)	['ʉnsə]

metro (m)	meter (m)	['metər]
milímetro (m)	millimeter (m)	['miliˌmetər]
centímetro (m)	centimeter (m)	['sɛntiˌmetər]
kilómetro (m)	kilometer (m)	['çiluˌmetər]
milla (f)	mil (m/f)	['mil]

pulgada (f)	tomme (m)	['tɔmə]
pie (m)	fot (m)	['fʊt]
yarda (f)	yard (m)	['jaːrd]

| metro (m) cuadrado | kvadratmeter (m) | [kvɑ'drɑtˌmetər] |
| hectárea (f) | hektar (n) | ['hɛktɑr] |

litro (m)	liter (m)	['litər]
grado (m)	grad (m)	['grad]
voltio (m)	volt (m)	['vɔlt]
amperio (m)	ampere (m)	[am'pɛr]
caballo (m) de fuerza	hestekraft (m/f)	['hɛstəˌkraft]

cantidad (f)	mengde (m)	['mɛŋdə]
un poco de ...	få ...	['fɔ ...]
mitad (f)	halvdel (m)	['haldel]

| docena (f) | dusin (n) | [dʉ'sin] |
| pieza (f) | stykke (n) | ['stʏkə] |

| dimensión (f) | størrelse (m) | ['stœrəlsə] |
| escala (f) (del mapa) | målestokk (m) | ['moːləˌstɔk] |

mínimo (adj)	minimal	[mini'mal]
el más pequeño (adj)	minste	['minstə]
medio (adj)	middel-	['midəl-]
máximo (adj)	maksimal	[maksi'mal]
el más grande (adj)	største	['stœʂtə]

23. Contenedores

tarro (m) de vidrio	**glaskrukke** (m/f)	['glas‚kruke]
lata (f)	**boks** (m)	['bɔks]
cubo (m)	**bøtte** (m/f)	['bœtə]
barril (m)	**tønne** (m)	['tœnə]
palangana (f)	**vaskefat** (n)	['vaskə‚fat]
tanque (m)	**tank** (m)	['taŋk]
petaca (f) (de alcohol)	**lommelerke** (m/f)	['lumə‚lærkə]
bidón (m) de gasolina	**bensinkanne** (m/f)	[bɛn'sin‚kanə]
cisterna (f)	**tank** (m)	['taŋk]
taza (f) (mug de cerámica)	**krus** (n)	['krus]
taza (f) (~ de café)	**kopp** (m)	['kɔp]
platillo (m)	**tefat** (n)	['te‚fat]
vaso (m) (~ de agua)	**glass** (n)	['glas]
copa (f) (~ de vino)	**vinglass** (n)	['vin‚glas]
olla (f)	**gryte** (m/f)	['grytə]
botella (f)	**flaske** (m)	['flaskə]
cuello (m) de botella	**flaskehals** (m)	['flaskə‚hals]
garrafa (f)	**karaffel** (m)	[ka'rafəl]
jarro (m) (~ de agua)	**mugge** (m/f)	['mugə]
recipiente (m)	**beholder** (m)	[be'hɔlər]
tarro (m)	**pott, potte** (m)	['pɔt], ['pɔtə]
florero (m)	**vase** (m)	['vasə]
frasco (m) (~ de perfume)	**flakong** (m)	[fla'kɔŋ]
frasquito (m)	**flaske** (m/f)	['flaskə]
tubo (m)	**tube** (m)	['tubə]
saco (m) (~ de azúcar)	**sekk** (m)	['sɛk]
bolsa (f) (~ plástica)	**pose** (m)	['pusə]
paquete (m) (~ de cigarrillos)	**pakke** (m/f)	['pakə]
caja (f)	**eske** (m/f)	['ɛskə]
cajón (m) (~ de madera)	**kasse** (m/f)	['kasə]
cesta (f)	**kurv** (m)	['kurv]

EL SER HUMANO

El ser humano. El cuerpo

cabeza (f)	hode (n)	['hʊdə]
cara (f)	ansikt (n)	['ansikt]
nariz (f)	nese (m/f)	['nesə]
boca (f)	munn (m)	['mʉn]
ojo (m)	øye (n)	['øjə]
ojos (m pl)	øyne (n pl)	['øjnə]
pupila (f)	pupill (m)	[pʉ'pil]
ceja (f)	øyenbryn (n)	['øjən̩bryn]
pestaña (f)	øyenvipp (m)	['øjən̩vip]
párpado (m)	øyelokk (m)	['øjə̩lɔk]
lengua (f)	tunge (m/f)	['tʉŋə]
diente (m)	tann (m/f)	['tan]
labios (m pl)	lepper (m/f pl)	['lepər]
pómulos (m pl)	kinnbein (n pl)	['çin̩bæjn]
encía (f)	tannkjøtt (n)	['tan̩çœt]
paladar (m)	gane (m)	['ganə]
ventanas (f pl)	nesebor (n pl)	['nesə̩bʊr]
mentón (m)	hake (m/f)	['hakə]
mandíbula (f)	kjeve (m)	['çɛvə]
mejilla (f)	kinn (n)	['çin]
frente (f)	panne (m/f)	['panə]
sien (f)	tinning (m)	['tiniŋ]
oreja (f)	øre (n)	['ørə]
nuca (f)	bakhode (n)	['bak̩hodə]
cuello (m)	hals (m)	['hals]
garganta (f)	strupe, hals (m)	['strʉpə], ['hals]
pelo, cabello (m)	hår (n pl)	['hɔr]
peinado (m)	frisyre (m)	[fri'syrə]
corte (m) de pelo	hårfasong (m)	['ho:rfa̩sɔŋ]
peluca (f)	parykk (m)	[pa'rʏk]
bigote (m)	mustasje (m)	[mʉ'staʂə]
barba (f)	skjegg (n)	['ʂɛg]
tener (~ la barba)	å ha	[ɔ 'ha]
trenza (f)	flette (m/f)	['fletə]
patillas (f pl)	bakkenbarter (pl)	['bakən̩ba:ʈər]
pelirrojo (adj)	rødhåret	['rø̩ho:rət]
gris, canoso (adj)	grå	['grɔ]

calvo (adj)	**skallet**	['skɑlət]
calva (f)	**skallet flekk** (m)	['skɑlət ˌflek]

cola (f) de caballo	**hestehale** (m)	['hɛstəˌhɑlə]
flequillo (m)	**pannelugg** (m)	['panəˌlʉg]

25. El cuerpo

mano (f)	**hånd** (m/f)	['hɔn]
brazo (m)	**arm** (m)	['ɑrm]

dedo (m)	**finger** (m)	['fiŋər]
dedo (m) del pie	**tå** (m/f)	['tɔ]
dedo (m) pulgar	**tommel** (m)	['tɔməl]
dedo (m) meñique	**lillefinger** (m)	['liləˌfiŋər]
uña (f)	**negl** (m)	['nɛjl]

puño (m)	**knyttneve** (m)	['knʏtˌnevə]
palma (f)	**håndflate** (m/f)	['hɔnˌflɑtə]
muñeca (f)	**håndledd** (n)	['hɔnˌled]
antebrazo (m)	**underarm** (m)	['ʉnərˌarm]
codo (m)	**albue** (m)	['ɑlˌbʉə]
hombro (m)	**skulder** (m)	['skʉldər]

pierna (f)	**bein** (n)	['bæjn]
planta (f)	**fot** (m)	['fʊt]
rodilla (f)	**kne** (n)	['knɛ]
pantorrilla (f)	**legg** (m)	['leg]
cadera (f)	**hofte** (m)	['hɔftə]
talón (m)	**hæl** (m)	['hæl]

cuerpo (m)	**kropp** (m)	['krɔp]
vientre (m)	**mage** (m)	['mɑgə]
pecho (m)	**bryst** (n)	['brʏst]
seno (m)	**bryst** (n)	['brʏst]
lado (m), costado (m)	**side** (m/f)	['sidə]
espalda (f)	**rygg** (m)	['rʏg]
zona (f) lumbar	**korsrygg** (m)	['kɔːʂˌrʏg]
cintura (f), talle (m)	**liv** (n), **midje** (m/f)	['liv], ['midjə]

ombligo (m)	**navle** (m)	['navlə]
nalgas (f pl)	**rumpeballer** (m pl)	['rʉmpəˌbalər]
trasero (m)	**bak** (m)	['bak]

lunar (m)	**føflekk** (m)	['føˌflek]
marca (f) de nacimiento	**fødselsmerke** (n)	['føtsəlsˌmærke]
tatuaje (m)	**tatovering** (m/f)	[tatʉ'vɛriŋ]
cicatriz (f)	**arr** (n)	['ɑr]

La ropa y los accesorios

ropa (f)	klær (n)	['klær]
ropa (f) de calle	yttertøy (n)	['ytə‚tøj]
ropa (f) de invierno	vinterklær (n pl)	['vintər‚klær]
abrigo (m)	frakk (m), kåpe (m/f)	['frɑk], ['ko:pə]
abrigo (m) de piel	pels (m), pelskåpe (m/f)	['pɛls], ['pɛls‚ko:pə]
abrigo (m) corto de piel	pelsjakke (m/f)	['pɛls‚jakə]
chaqueta (f) plumón	dunjakke (m/f)	['dʉn‚jakə]
cazadora (f)	jakke (m/f)	['jakə]
impermeable (m)	regnfrakk (m)	['ræjn‚frɑk]
impermeable (adj)	vanntett	['vɑn‚tɛt]

camisa (f)	skjorte (m/f)	['ʂœ:ʈə]
pantalones (m pl)	bukse (m)	['bʉksə]
jeans, vaqueros (m pl)	jeans (m)	['dʒins]
chaqueta (f), saco (m)	dressjakke (m/f)	['drɛs‚jakə]
traje (m)	dress (m)	['drɛs]
vestido (m)	kjole (m)	['çulə]
falda (f)	skjørt (n)	['ʂø:ʈ]
blusa (f)	bluse (m)	['blʉsə]
rebeca (f), chaqueta (f) de punto	strikket trøye (m/f)	['strikə 'trøjə]
chaqueta (f)	blazer (m)	['blæsər]
camiseta (f) (T-shirt)	T-skjorte (m/f)	['te‚ʂœ:ʈə]
pantalones (m pl) cortos	shorts (m)	['ʂɔ:ʈs]
traje (m) deportivo	treningsdrakt (m/f)	['treniŋs‚drɑkt]
bata (f) de baño	badekåpe (m/f)	['bɑdə‚ko:pə]
pijama (m)	pyjamas (m)	[py'ʂɑmɑs]
suéter (m)	sweater (m)	['svɛtər]
pulóver (m)	pullover (m)	[pʉ'lɔvər]
chaleco (m)	vest (m)	['vɛst]
frac (m)	livkjole (m)	['liv‚çulə]
esmoquin (m)	smoking (m)	['smɔkiŋ]
uniforme (m)	uniform (m)	[ʉni'form]
ropa (f) de trabajo	arbeidsklær (n pl)	['ɑrbæjds‚klær]
mono (m)	kjeledress, overall (m)	['çelə‚drɛs], ['ovɛr‚ɔl]
bata (f) (p. ej. ~ blanca)	kittel (m)	['çitəl]

28. La ropa. La ropa interior

ropa (f) interior	undertøy (n)	['ʉnəˌtøj]
bóxer (m)	underbukse (m/f)	['ʉnərˌbʉksə]
bragas (f pl)	truse (m/f)	['trʉsə]
camiseta (f) interior	undertrøye (m/f)	['ʉnəˌtrøjə]
calcetines (m pl)	sokker (m pl)	['sɔkər]
camisón (m)	nattkjole (m)	['natˌçʉlə]
sostén (m)	behå (m)	['beˌhɔ]
calcetines (m pl) altos	knestrømper (m/f pl)	['knɛˌstrømpər]
pantimedias (f pl)	strømpebukse (m/f)	['strømpəˌbʉksə]
medias (f pl)	strømper (m/f pl)	['strømpər]
traje (m) de baño	badedrakt (m/f)	['badəˌdrakt]

29. Gorras

gorro (m)	hatt (m)	['hat]
sombrero (m) de fieltro	hatt (m)	['hat]
gorra (f) de béisbol	baseball cap (m)	['bɛjsbɔl kɛp]
gorra (f) plana	sikspens (m)	['sikspens]
boina (f)	alpelue, baskerlue (m/f)	['alpəˌlʉə], ['baskəˌlʉə]
capuchón (m)	hette (m/f)	['hɛtə]
panamá (m)	panamahatt (m)	['panamaˌhat]
gorro (m) de punto	strikket lue (m/f)	['strikəˌlʉə]
pañuelo (m)	skaut (n)	['skaʉt]
sombrero (m) de mujer	hatt (m)	['hat]
casco (m) (~ protector)	hjelm (m)	['jɛlm]
gorro (m) de campaña	båtlue (m/f)	['bɔtˌlʉə]
casco (m) (~ de moto)	hjelm (m)	['jɛlm]
bombín (m)	bowlerhatt, skalk (m)	['bɔulerˌhat], ['skalk]
sombrero (m) de copa	flosshatt (m)	['flɔsˌhat]

30. El calzado

calzado (m)	skotøy (n)	['skʉtøj]
botas (f pl)	skor (m pl)	['skʉr]
zapatos (m pl) (~ de tacón bajo)	pumps (m pl)	['pʉmps]
botas (f pl) altas	støvler (m pl)	['støvlər]
zapatillas (f pl)	tøfler (m pl)	['tøflər]
tenis (m pl)	tennissko (m pl)	['tɛnisˌskʉ]
zapatillas (f pl) de lona	canvas sko (m pl)	['kanvas ˌskʉ]
sandalias (f pl)	sandaler (m pl)	[san'dalər]
zapatero (m)	skomaker (m)	['skʉˌmakər]
tacón (m)	hæl (m)	['hæl]

par (m)	par (n)	['par]
cordón (m)	skolisse (m/f)	['skuˌlisə]
encordonar (vt)	å snøre	[ɔ 'snørə]
calzador (m)	skohorn (n)	['skuˌhuːŋ]
betún (m)	skokrem (m)	['skuˌkrɛm]

31. Accesorios personales

guantes (m pl)	hansker (m pl)	['hanskər]
manoplas (f pl)	votter (m pl)	['vɔtər]
bufanda (f)	skjerf (n)	['ʂærf]

gafas (f pl)	briller (m pl)	['brilər]
montura (f)	innfatning (m/f)	['inˌfatniŋ]
paraguas (m)	paraply (m)	[para'ply]
bastón (m)	stokk (m)	['stɔk]
cepillo (m) de pelo	hårbørste (m)	['hɔrˌbœʂtə]
abanico (m)	vifte (m/f)	['viftə]

corbata (f)	slips (n)	['slips]
pajarita (f)	sløyfe (m/f)	['ʂløjfə]
tirantes (m pl)	bukseseler (m pl)	['bʉksə'selər]
moquero (m)	lommetørkle (n)	['lʉməˌtœrklə]

peine (m)	kam (m)	['kam]
pasador (m) de pelo	hårspenne (m/f/n)	['hoːrˌspɛnə]
horquilla (f)	hårnål (m/f)	['hoːrˌnol]
hebilla (f)	spenne (m/f/n)	['spɛnə]

cinturón (m)	belte (m)	['bɛltə]
correa (f) (de bolso)	skulderreim, rem (m/f)	['skʉldəˌræjm], ['rem]

bolsa (f)	veske (m/f)	['vɛskə]
bolso (m)	håndveske (m/f)	['hɔnˌvɛskə]
mochila (f)	ryggsekk (m)	['rʏgˌsɛk]

32. La ropa. Miscelánea

moda (f)	mote (m)	['mʉtə]
de moda (adj)	moteriktig	['mʉtəˌrikti]
diseñador (m) de moda	moteskaper (m)	['mʉtəˌskapər]

cuello (m)	krage (m)	['kragə]
bolsillo (m)	lomme (m/f)	['lʉmə]
de bolsillo (adj)	lomme-	['lʉmə-]
manga (f)	erme (n)	['ærmə]
presilla (f)	hempe (m)	['hɛmpə]
bragueta (f)	gylf, buksesmekk (m)	['gylf], ['bʉksəˌsmɛk]

cremallera (f)	glidelås (m/n)	['glidəˌlɔs]
cierre (m)	hekte (m/f), knepping (m)	['hɛktə], ['knɛpiŋ]
botón (m)	knapp (m)	['knap]

ojal (m)	klapphull (n)	['klɑpˌhʉl]
saltar (un botón)	å falle av	[ɔ 'fɑlə ɑː]

coser (vi, vt)	å sy	[ɔ 'sy]
bordar (vt)	å brodere	[ɔ brʉ'derə]
bordado (m)	broderi (n)	[brʉde'ri]
aguja (f)	synål (m/f)	['syˌnɔl]
hilo (m)	tråd (m)	['trɔ]
costura (f)	søm (m)	['søm]

ensuciarse (vr)	å skitne seg til	[ɔ 'ʂitnə sæj til]
mancha (f)	flekk (m)	['flek]
arrugarse (vr)	å bli skrukkete	[ɔ 'bli 'skrʉketə]
rasgar (vt)	å rive	[ɔ 'rivə]
polilla (f)	møll (m/n)	['møl]

33. Productos personales. Cosméticos

pasta (f) de dientes	tannpasta (m)	['tanˌpasta]
cepillo (m) de dientes	tannbørste (m)	['tanˌbœʂtə]
limpiarse los dientes	å pusse tennene	[ɔ 'pʉsə 'tɛnənə]

maquinilla (f) de afeitar	høvel (m)	['høvəl]
crema (f) de afeitar	barberkrem (m)	[bɑr'bɛrˌkrem]
afeitarse (vr)	å barbere seg	[ɔ bɑr'berə sæj]

jabón (m)	såpe (m/f)	['soːpə]
champú (m)	sjampo (m)	['ʂamˌpʉ]

tijeras (f pl)	saks (m/f)	['saks]
lima (f) de uñas	neglefil (m/f)	['nɛjləˌfil]
cortaúñas (m pl)	negleklipper (m)	['nɛjləˌklipər]
pinzas (f pl)	pinsett (m)	[pin'sɛt]

cosméticos (m pl)	kosmetikk (m)	[kʉsme'tik]
mascarilla (f)	ansiktsmaske (m/f)	['ɑnsiktsˌmaskə]
manicura (f)	manikyr (m)	[mani'kyr]
hacer la manicura	å få manikyr	[ɔ 'fɔ mani'kyr]
pedicura (f)	pedikyr (m)	[pedi'kyr]

bolsa (f) de maquillaje	sminkeveske (m/f)	['sminkəˌvɛskə]
polvos (m pl)	pudder (n)	['pʉdər]
polvera (f)	pudderdåse (m)	['pʉdərˌdoːsə]
colorete (m), rubor (m)	rouge (m)	['ruːʂ]

perfume (m)	parfyme (m)	[pɑr'fymə]
agua (f) de tocador	eau de toilette (m)	['ɔː də twa'let]
loción (f)	lotion (m)	['loʉʂɛn]
agua (f) de Colonia	eau de cologne (m)	['ɔː də kɔ'lɔŋ]

sombra (f) de ojos	øyeskygge (m)	['øjəˌʂygə]
lápiz (m) de ojos	eyeliner (m)	['aːjˌlɑjnər]
rímel (m)	maskara (m)	[mɑ'skɑrɑ]
pintalabios (m)	leppestift (m)	['lepəˌstift]

esmalte (m) de uñas	neglelakk (m)	['nɛjləˌlak]
fijador (m) para el pelo	hårlakk (m)	['hoːrˌlak]
desodorante (m)	deodorant (m)	[deudʉ'rant]

crema (f)	krem (m)	['krɛm]
crema (f) de belleza	ansiktskrem (m)	['ɑnsiktsˌkrɛm]
crema (f) de manos	håndkrem (m)	['hɔnˌkrɛm]
crema (f) antiarrugas	antirynkekrem (m)	[anti'rʏnkəˌkrɛm]
crema (f) de día	dagkrem (m)	['dɑgˌkrɛm]
crema (f) de noche	nattkrem (m)	['natˌkrɛm]
de día (adj)	dag-	['dɑg-]
de noche (adj)	natt-	['nat-]

tampón (m)	tampong (m)	[tam'pɔŋ]
papel (m) higiénico	toalettpapir (n)	[tʊɑ'let pa'pir]
secador (m) de pelo	hårføner (m)	['hoːrˌfønər]

34. Los relojes

reloj (m)	armbåndsur (n)	['armbɔnsˌʉr]
esfera (f)	urskive (m/f)	['ʉːˌʂivə]
aguja (f)	viser (m)	['visər]
pulsera (f)	armbånd (n)	['armˌbɔn]
correa (f) (del reloj)	rem (m/f)	['rem]

pila (f)	batteri (n)	[batɛ'ri]
descargarse (vr)	å bli utladet	[ɔ 'bli 'ʉtˌladət]
cambiar la pila	å skifte batteriene	[ɔ 'ʂifte batɛ'riene]
adelantarse (vr)	å gå for fort	[ɔ 'gɔ fɔ 'foːt]
retrasarse (vr)	å gå for sakte	[ɔ 'gɔ fɔ 'saktə]

reloj (m) de pared	veggur (n)	['vɛgˌʉr]
reloj (m) de arena	timeglass (n)	['timeˌglas]
reloj (m) de sol	solur (n)	['sʊlˌʉr]
despertador (m)	vekkerklokka (m/f)	['vɛkərˌklɔka]
relojero (m)	urmaker (m)	['ʉrˌmakər]
reparar (vt)	å reparere	[ɔ repa'rerə]

La comida y la nutrición

carne (f)	kjøtt (n)	['çœt]
gallina (f)	høne (m/f)	['hønə]
pollo (m)	kylling (m)	['çyliŋ]
pato (m)	and (m/f)	['ɑn]
ganso (m)	gås (m/f)	['gɔs]
caza (f) menor	vilt (n)	['vilt]
pava (f)	kalkun (m)	[kɑl'kʉn]

carne (f) de cerdo	svinekjøtt (n)	['svinə͵çœt]
carne (f) de ternera	kalvekjøtt (n)	['kalvə͵çœt]
carne (f) de carnero	fårekjøtt (n)	['foːrə͵çœt]
carne (f) de vaca	oksekjøtt (n)	['ɔksə͵çœt]
conejo (m)	kanin (m)	[kɑ'nin]

salchichón (m)	pølse (m/f)	['pølsə]
salchicha (f)	wienerpølse (m/f)	['vinər͵pølsə]
beicon (m)	bacon (n)	['bɛjkən]
jamón (m)	skinke (m)	['şinkə]
jamón (m) fresco	skinke (m)	['şinkə]

paté (m)	pate, paté (m)	[pɑ'te]
hígado (m)	lever (m)	['levər]
carne (f) picada	kjøttfarse (m)	['çœt͵farşə]
lengua (f)	tunge (m/f)	['tʉŋə]

huevo (m)	egg (n)	['ɛg]
huevos (m pl)	egg (n pl)	['ɛg]
clara (f)	eggehvite (m)	['ɛgə͵vitə]
yema (f)	plomme (m/f)	['plʊmə]

pescado (m)	fisk (m)	['fisk]
mariscos (m pl)	sjømat (m)	['şø͵mɑt]
crustáceos (m pl)	krepsdyr (n pl)	['krɛps͵dyr]
caviar (m)	kaviar (m)	['kɑvi͵ɑr]

cangrejo (m) de mar	krabbe (m)	['krɑbə]
camarón (m)	reke (m/f)	['rekə]
ostra (f)	østers (m)	['østəş]
langosta (f)	langust (m)	[lɑŋ'gʉst]
pulpo (m)	blekksprut (m)	['blek͵sprʉt]
calamar (m)	blekksprut (m)	['blek͵sprʉt]

esturión (m)	stør (m)	['stør]
salmón (m)	laks (m)	['lɑks]
fletán (m)	kveite (m/f)	['kvæjtə]
bacalao (m)	torsk (m)	['tɔşk]

caballa (f)	makrell (m)	[ma'krɛl]
atún (m)	tunfisk (m)	['tʉn̩fisk]
anguila (f)	ål (m)	['ɔl]

trucha (f)	ørret (m)	['øret]
sardina (f)	sardin (m)	[saː'din̩]
lucio (m)	gjedde (m/f)	['jɛdə]
arenque (m)	sild (m/f)	['sil]

pan (m)	brød (n)	['brø]
queso (m)	ost (m)	['ʊst]
azúcar (m)	sukker (n)	['sʉkər]
sal (f)	salt (n)	['salt]

arroz (m)	ris (m)	['ris]
macarrones (m pl)	pasta, makaroni (m)	['pasta], [maka'rʊni]
tallarines (m pl)	nudler (m pl)	['nʉdlər]

mantequilla (f)	smør (n)	['smør]
aceite (m) vegetal	vegetabilsk olje (m)	[vegeta'bilsk ͵ɔljə]
aceite (m) de girasol	solsikkeolje (m)	['sʊlsikə͵ɔlje]
margarina (f)	margarin (m)	[marga'rin]

| olivas, aceitunas (f pl) | olivener (m pl) | [ʊ'livenər] |
| aceite (m) de oliva | olivenolje (m) | [ʊ'livən͵ɔljə] |

leche (f)	melk (m/f)	['mɛlk]
leche (f) condensada	kondensert melk (m/f)	[kʊndən'seːṭ ͵mɛlk]
yogur (m)	jogurt (m)	['jɔgʉːṭ]
nata (f) agria	rømme, syrnet fløte (m)	['rœmə], ['syːn̩et 'fløtə]
nata (f) líquida	fløte (m)	['fløtə]

| mayonesa (f) | majones (m) | [majɔ'nɛs] |
| crema (f) de mantequilla | krem (m) | ['krɛm] |

cereales (m pl) integrales	gryn (n)	['gryn]
harina (f)	mel (n)	['mel]
conservas (f pl)	hermetikk (m)	[hɛrme'tik]

copos (m pl) de maíz	cornflakes (m)	['kɔːn̩flejks]
miel (f)	honning (m)	['hɔniŋ]
confitura (f)	syltetøy (n)	['syltə͵tøj]
chicle (m)	tyggegummi (m)	['tygə͵gʉmi]

36. Las bebidas

agua (f)	vann (n)	['van]
agua (f) potable	drikkevann (n)	['drikə͵van]
agua (f) mineral	mineralvann (n)	[minə'ral͵van]

sin gas	uten kullsyre	['ʉtən kʉl'syrə]
gaseoso (adj)	kullsyret	[kʉl'syrət]
con gas	med kullsyre	[me kʉl'syrə]
hielo (m)	is (m)	['is]

con hielo	med is	[me 'is]
sin alcohol	alkoholfri	['alkʊhʊlˌfri]
bebida (f) sin alcohol	alkoholfri drikk (m)	['alkʊhʊlˌfri drik]
refresco (m)	leskedrikk (m)	['leskəˌdrik]
limonada (f)	limonade (m)	[limɔ'nadə]

bebidas (f pl) alcohólicas	rusdrikker (m pl)	['rʊsˌdrikər]
vino (m)	vin (m)	['vin]
vino (m) blanco	hvitvin (m)	['vitˌvin]
vino (m) tinto	rødvin (m)	['røˌvin]

licor (m)	likør (m)	[li'kør]
champaña (f)	champagne (m)	[ʂam'panjə]
vermú (m)	vermut (m)	['værmʊt]

whisky (m)	whisky (m)	['viski]
vodka (m)	vodka (m)	['vɔdkɑ]
ginebra (f)	gin (m)	['dʒin]
coñac (m)	konjakk (m)	['kʊnjak]
ron (m)	rom (m)	['rʊm]

café (m)	kaffe (m)	['kafə]
café (m) solo	svart kaffe (m)	['svɑːʈ 'kafə]
café (m) con leche	kaffe (m) med melk	['kafə me 'mɛlk]
capuchino (m)	cappuccino (m)	[kapʊ'tʃinɔ]
café (m) soluble	pulverkaffe (m)	['pʊlvərˌkafə]

leche (f)	melk (m/f)	['mɛlk]
cóctel (m)	cocktail (m)	['kɔkˌtɛjl]
batido (m)	milkshake (m)	['milkˌʂɛjk]

zumo (m), jugo (m)	jus, juice (m)	['dʒʊs]
jugo (m) de tomate	tomatjuice (m)	[tʊ'matˌdʒʊs]
zumo (m) de naranja	appelsinjuice (m)	[apel'sinˌdʒʊs]
zumo (m) fresco	nypresset juice (m)	['nyˌprɛsə 'dʒʊs]

cerveza (f)	øl (m/n)	['øl]
cerveza (f) rubia	lettøl (n)	['letˌøl]
cerveza (f) negra	mørkt øl (n)	['mœrktˌøl]

té (m)	te (m)	['te]
té (m) negro	svart te (m)	['svɑːʈ ˌte]
té (m) verde	grønn te (m)	['grœn ˌte]

37. Las verduras

| legumbres (f pl) | grønnsaker (m pl) | ['grœnˌsakər] |
| verduras (f pl) | grønnsaker (m pl) | ['grœnˌsakər] |

tomate (m)	tomat (m)	[tʊ'mat]
pepino (m)	agurk (m)	[a'gʉrk]
zanahoria (f)	gulrot (m/f)	['gʉlˌrʊt]
patata (f)	potet (m/f)	[pʊ'tet]
cebolla (f)	løk (m)	['løk]

ajo (m)	hvitløk (m)	['vit̗løk]
col (f)	kål (m)	['kɔl]
coliflor (f)	blomkål (m)	['blɔm̗kɔl]
col (f) de Bruselas	rosenkål (m)	['rʊsən̗kɔl]
brócoli (m)	brokkoli (m)	['brɔkɔli]
remolacha (f)	rødbete (m/f)	['rø̗betə]
berenjena (f)	aubergine (m)	[ɔbɛr'ʂin]
calabacín (m)	squash (m)	['skvɔʂ]
calabaza (f)	gresskar (n)	['grɛskar]
nabo (m)	nepe (m/f)	['nepə]
perejil (m)	persille (m/f)	[pæ'ʂilə]
eneldo (m)	dill (m)	['dil]
lechuga (f)	salat (m)	[sɑ'lat]
apio (m)	selleri (m/n)	[sɛle̗ri]
espárrago (m)	asparges (m)	[ɑ'sparʂəs]
espinaca (f)	spinat (m)	[spi'nat]
guisante (m)	erter (m pl)	['æ:ʈər]
habas (f pl)	bønner (m/f pl)	['bœnər]
maíz (m)	mais (m)	['mais]
fréjol (m)	bønne (m/f)	['bœnə]
pimiento (m) dulce	pepper (m)	['pɛpər]
rábano (m)	reddik (m)	['rɛdik]
alcachofa (f)	artisjokk (m)	[ˌɑ:ʈi'ʂɔk]

38. Las frutas. Las nueces

fruto (m)	frukt (m/f)	['frʉkt]
manzana (f)	eple (n)	['ɛplə]
pera (f)	pære (m/f)	['pærə]
limón (m)	sitron (m)	[si'trʊn]
naranja (f)	appelsin (m)	[ɑpel'sin]
fresa (f)	jordbær (n)	['ju:r̗bær]
mandarina (f)	mandarin (m)	[mɑndɑ'rin]
ciruela (f)	plomme (m/f)	['plʊmə]
melocotón (m)	fersken (m)	['fæʂkən]
albaricoque (m)	aprikos (m)	[ɑpri'kʊs]
frambuesa (f)	bringebær (n)	['briŋə̗bær]
piña (f)	ananas (m)	['ɑnɑnɑs]
banana (f)	banan (m)	[bɑ'nɑn]
sandía (f)	vannmelon (m)	['vɑnme̗lʊn]
uva (f)	drue (m)	['drʉə]
guinda (f)	kirsebær (n)	['çiʂə̗bær]
cereza (f)	morell (m)	[mʊ'rɛl]
melón (m)	melon (m)	[me'lun]
pomelo (m)	grapefrukt (m/f)	['grɛjp̗frʉkt]
aguacate (m)	avokado (m)	[ɑvɔ'kɑdɔ]
papaya (f)	papaya (m)	[pɑ'pɑja]

mango (m)	**mango** (m)	['maŋu]
granada (f)	**granateple** (n)	[gra'nat‚εplə]

grosella (f) roja	**rips** (m)	['rips]
grosella (f) negra	**solbær** (n)	['sʊl‚bær]
grosella (f) espinosa	**stikkelsbær** (n)	['stikəls‚bær]
arándano (m)	**blåbær** (n)	['blɔ‚bær]
zarzamoras (f pl)	**bjørnebær** (m)	['bjœ:ŋə‚bær]

pasas (f pl)	**rosin** (m)	[rʊ'sin]
higo (m)	**fiken** (m)	['fikən]
dátil (m)	**daddel** (m)	['dadəl]

cacahuete (m)	**jordnøtt** (m)	['ju:r‚nœt]
almendra (f)	**mandel** (m)	['mandəl]
nuez (f)	**valnøtt** (m/f)	['val‚nœt]
avellana (f)	**hasselnøtt** (m/f)	['hasəl‚nœt]
nuez (f) de coco	**kokosnøtt** (m/f)	['kʊkʊs‚nœt]
pistachos (m pl)	**pistasier** (m pl)	[pi'staʂiər]

39. El pan. Los dulces

pasteles (m pl)	**bakevarer** (m/f pl)	['bakə‚varər]
pan (m)	**brød** (n)	['brø]
galletas (f pl)	**kjeks** (m)	['çεks]

chocolate (m)	**sjokolade** (m)	[ʂʊkʊ'ladə]
de chocolate (adj)	**sjokolade-**	[ʂʊkʊ'ladə-]
caramelo (m)	**sukkertøy** (n), **karamell** (m)	['sʉkə:tøj], [kara'mεl]
tarta (f) (pequeña)	**kake** (m/f)	['kakə]
tarta (f) (~ de cumpleaños)	**bløtkake** (m/f)	['bløt‚kakə]

tarta (f) (~ de manzana)	**pai** (m)	['paj]
relleno (m)	**fyll** (m/n)	['fʏl]

confitura (f)	**syltetøy** (n)	['syltə‚tøj]
mermelada (f)	**marmelade** (m)	[marme'ladə]
gofre (m)	**vaffel** (m)	['vafəl]
helado (m)	**iskrem** (m)	['iskrεm]
pudin (m)	**pudding** (m)	['pʉdiŋ]

40. Los platos

plato (m)	**rett** (m)	['rεt]
cocina (f)	**kjøkken** (n)	['çœkən]
receta (f)	**oppskrift** (m)	['ɔp‚skrift]
porción (f)	**porsjon** (m)	[pɔ'ʂun]

ensalada (f)	**salat** (m)	[sa'lat]
sopa (f)	**suppe** (m/f)	['sʉpə]
caldo (m)	**buljong** (m)	[bu'ljɔŋ]
bocadillo (m)	**smørbrød** (n)	['smør‚brø]

huevos (m pl) fritos	speilegg (n)	['spæjl‚ɛg]
hamburguesa (f)	hamburger (m)	['hɑmbʊrgər]
bistec (m)	biff (m)	['bif]

guarnición (f)	tilbehør (n)	['tilbə‚hør]
espagueti (m)	spagetti (m)	[spɑ'gɛti]
puré (m) de patatas	potetmos (m)	[pʊ'tet‚mʊs]
pizza (f)	pizza (m)	['pitsɑ]
gachas (f pl)	grøt (m)	['grøt]
tortilla (f) francesa	omelett (m)	[ɔmə'let]

cocido en agua (adj)	kokt	['kʊkt]
ahumado (adj)	røkt	['røkt]
frito (adj)	stekt	['stɛkt]
seco (adj)	tørket	['tœrkət]
congelado (adj)	frossen, dypfryst	['frɔsən], ['dyp‚frʏst]
marinado (adj)	syltet	['sʏltət]

azucarado, dulce (adj)	søt	['søt]
salado (adj)	salt	['sɑlt]
frío (adj)	kald	['kɑl]
caliente (adj)	het, varm	['het], ['vɑrm]
amargo (adj)	bitter	['bitər]
sabroso (adj)	lekker	['lekər]

cocer en agua	å koke	[ɔ 'kʊkə]
preparar (la cena)	å lage	[ɔ 'lɑgə]
freír (vt)	å steke	[ɔ 'stekə]
calentar (vt)	å varme opp	[ɔ 'vɑrmə ɔp]

salar (vt)	å salte	[ɔ 'sɑltə]
poner pimienta	å pepre	[ɔ 'pɛprə]
rallar (vt)	å rive	[ɔ 'rivə]
piel (f)	skall (n)	['skɑl]
pelar (vt)	å skrelle	[ɔ 'skrɛlə]

41. Las especias

sal (f)	salt (n)	['sɑlt]
salado (adj)	salt	['sɑlt]
salar (vt)	å salte	[ɔ 'sɑltə]

pimienta (f) negra	svart pepper (m)	['svɑːʈ 'pɛpər]
pimienta (f) roja	rød pepper (m)	['rø 'pɛpər]
mostaza (f)	sennep (m)	['sɛnəp]
rábano (m) picante	pepperrot (m/f)	['pɛpər‚rʊt]

condimento (m)	krydder (n)	['krʏdər]
especia (f)	krydder (n)	['krʏdər]
salsa (f)	saus (m)	['saʊs]
vinagre (m)	eddik (m)	['ɛdik]

| anís (m) | anis (m) | ['ɑnis] |
| albahaca (f) | basilik (m) | [bɑsi'lik] |

clavo (m)	**nellik** (m)	['nɛlik]
jengibre (m)	**ingefær** (m)	['iŋə‚fær]
cilantro (m)	**koriander** (m)	[kʊri'andər]
canela (f)	**kanel** (m)	[ka'nel]

sésamo (m)	**sesam** (m)	['sesam]
hoja (f) de laurel	**laurbærblad** (n)	['laʊrbær‚bla]
paprika (f)	**paprika** (m)	['paprika]
comino (m)	**karve, kummin** (m)	['karvə], ['kʉmin]
azafrán (m)	**safran** (m)	[sa'fran]

42. Las comidas

comida (f)	**mat** (m)	['mat]
comer (vi, vt)	**å spise**	[ɔ 'spisə]

desayuno (m)	**frokost** (m)	['frʊkɔst]
desayunar (vi)	**å spise frokost**	[ɔ 'spisə ‚frʊkɔst]
almuerzo (m)	**lunsj, lunch** (m)	['lʉnʂ]
almorzar (vi)	**å spise lunsj**	[ɔ 'spisə ‚lʉnʂ]
cena (f)	**middag** (m)	['mi‚da]
cenar (vi)	**å spise middag**	[ɔ 'spisə 'mi‚da]

apetito (m)	**appetitt** (m)	[ape'tit]
¡Que aproveche!	**God appetitt!**	['gʊ ape'tit]

abrir (vt)	**å åpne**	[ɔ 'ɔpnə]
derramar (líquido)	**å spille**	[ɔ 'spilə]
derramarse (líquido)	**å bli spilt**	[ɔ 'bli 'spilt]

hervir (vi)	**å koke**	[ɔ 'kʊkə]
hervir (vt)	**å koke**	[ɔ 'kʊkə]
hervido (agua ~a)	**kokt**	['kʊkt]

enfriar (vt)	**å svalne**	[ɔ 'svalnə]
enfriarse (vr)	**å avkjøles**	[ɔ 'av‚çœləs]

sabor (m)	**smak** (m)	['smak]
regusto (m)	**bismak** (m)	['bismak]

adelgazar (vi)	**å være på diet**	[ɔ 'værə pɔ di'et]
dieta (f)	**diett** (m)	[di'et]
vitamina (f)	**vitamin** (n)	[vita'min]
caloría (f)	**kalori** (m)	[kalʊ'ri]

vegetariano (m)	**vegetarianer** (m)	[vegetari'anər]
vegetariano (adj)	**vegetarisk**	[vege'tarisk]

grasas (f pl)	**fett** (n)	['fɛt]
proteínas (f pl)	**proteiner** (n pl)	[prote'inər]
carbohidratos (m pl)	**kullhydrater** (n pl)	['kʉlhy‚dratər]
loncha (f)	**skive** (m/f)	['ʂivə]
pedazo (m)	**stykke** (n)	['stʏkə]
miga (f)	**smule** (m)	['smʉlə]

43. Los cubiertos

cuchara (f)	skje (m)	['ʂe]
cuchillo (m)	kniv (m)	['kniv]
tenedor (m)	gaffel (m)	['gɑfəl]
taza (f)	kopp (m)	['kɔp]
plato (m)	tallerken (m)	[tɑ'lærkən]
platillo (m)	tefat (n)	['te‚fɑt]
servilleta (f)	serviett (m)	[sɛrvi'ɛt]
mondadientes (m)	tannpirker (m)	['tɑn‚pirkər]

44. El restaurante

restaurante (m)	restaurant (m)	[rɛstʊ'rɑn]
cafetería (f)	kafé, kaffebar (m)	[kɑ'fe], ['kɑfə‚bɑr]
bar (m)	bar (m)	['bɑr]
salón (m) de té	tesalong (m)	['tesɑ‚lɔŋ]
camarero (m)	servitør (m)	['særvi'tør]
camarera (f)	servitrise (m/f)	[særvi'trisə]
barman (m)	bartender (m)	['bɑ:‚ʈɛndər]
carta (f), menú (m)	meny (m)	[me'ny]
carta (f) de vinos	vinkart (n)	['vin‚kɑ:ț]
reservar una mesa	å reservere bord	[ɔ resɛr'verə 'bʊr]
plato (m)	rett (m)	['rɛt]
pedir (vt)	å bestille	[ɔ be'stilə]
hacer un pedido	å bestille	[ɔ be'stilə]
aperitivo (m)	aperitiff (m)	[ɑperi'tif]
entremés (m)	forrett (m)	['fɔrɛt]
postre (m)	dessert (m)	[de'sɛ:r]
cuenta (f)	regning (m/f)	['rɛjniŋ]
pagar la cuenta	å betale regningen	[ɔ be'tɑlə 'rɛjniŋən]
dar la vuelta	å gi tilbake veksel	[ɔ ji til'bɑkə 'vɛksəl]
propina (f)	driks (m)	['driks]

La familia nuclear, los parientes y los amigos

45. La información personal. Los formularios

nombre (m)	**navn** (n)	['nɑvn]
apellido (m)	**etternavn** (n)	['ɛtə‚nɑvn]
fecha (f) de nacimiento	**fødselsdato** (m)	['føtsəls‚dɑtʊ]
lugar (m) de nacimiento	**fødested** (n)	['fødə‚sted]
nacionalidad (f)	**nasjonalitet** (m)	[nɑʂʊnɑli'tet]
domicilio (m)	**bosted** (n)	['bʊ‚sted]
país (m)	**land** (n)	['lɑn]
profesión (f)	**yrke** (n), **profesjon** (m)	['yrkə], [prʊfe'ʂʊn]
sexo (m)	**kjønn** (n)	['çœn]
estatura (f)	**høyde** (m)	['højdə]
peso (m)	**vekt** (m)	['vɛkt]

46. Los familiares. Los parientes

madre (f)	**mor** (m/f)	['mʊr]
padre (m)	**far** (m)	['fɑr]
hijo (m)	**sønn** (m)	['sœn]
hija (f)	**datter** (m/f)	['dɑtər]
hija (f) menor	**yngste datter** (m/f)	['yŋstə 'dɑtər]
hijo (m) menor	**yngste sønn** (m)	['yŋstə 'sœn]
hija (f) mayor	**eldste datter** (m/f)	['ɛlstə 'dɑtər]
hijo (m) mayor	**eldste sønn** (m)	['ɛlstə 'sœn]
hermano (m)	**bror** (m)	['brʊr]
hermano (m) mayor	**eldre bror** (m)	['ɛldrə ‚brʊr]
hermano (m) menor	**lillebror** (m)	['lilə‚brʊr]
hermana (f)	**søster** (m/f)	['søstər]
hermana (f) mayor	**eldre søster** (m/f)	['ɛldrə ‚søstər]
hermana (f) menor	**lillesøster** (m/f)	['lilə‚søstər]
primo (m)	**fetter** (m/f)	['fɛtər]
prima (f)	**kusine** (m)	[kʉ'sinə]
mamá (f)	**mamma** (m)	['mɑmɑ]
papá (m)	**pappa** (m)	['pɑpɑ]
padres (pl)	**foreldre** (pl)	[for'ɛldrə]
niño -a (m, f)	**barn** (n)	['bɑːɳ]
niños (pl)	**barn** (n pl)	['bɑːɳ]
abuela (f)	**bestemor** (m)	['bɛstə‚mʊr]
abuelo (m)	**bestefar** (m)	['bɛstə‚fɑr]
nieto (m)	**barnebarn** (n)	['bɑːɳə‚bɑːɳ]

| nieta (f) | barnebarn (n) | ['bɑːŋəˌbɑːn̩] |
| nietos (pl) | barnebarn (n pl) | ['bɑːŋəˌbɑːn̩] |

tío (m)	onkel (m)	['ʊnkəl]
tía (f)	tante (m/f)	['tɑntə]
sobrino (m)	nevø (m)	[ne'vø]
sobrina (f)	niese (m/f)	[ni'esə]

suegra (f)	svigermor (m/f)	['svigərˌmʊr]
suegro (m)	svigerfar (m)	['svigərˌfar]
yerno (m)	svigersønn (m)	['svigərˌsœn]
madrastra (f)	stemor (m/f)	['steˌmʊr]
padrastro (m)	stefar (m)	['steˌfar]

niño (m) de pecho	brystbarn (n)	['brʏstˌbɑːn̩]
bebé (m)	spedbarn (n)	['speˌbɑːn̩]
chico (m)	lite barn (n)	['litə 'bɑːn̩]

mujer (f)	kone (m/f)	['kʊnə]
marido (m)	mann (m)	['man]
esposo (m)	ektemann (m)	['ɛktəˌman]
esposa (f)	hustru (m)	['hʉstrʉ]

casado (adj)	gift	['jift]
casada (adj)	gift	['jift]
soltero (adj)	ugift	[ʉː'jift]
soltero (m)	ungkar (m)	['ʉŋˌkar]
divorciado (adj)	fraskilt	['fraˌʂilt]
viuda (f)	enke (m)	['ɛnkə]
viudo (m)	enkemann (m)	['ɛnkəˌman]

pariente (m)	slektning (m)	['ʂlektniŋ]
pariente (m) cercano	nær slektning (m)	['nær 'ʂlektniŋ]
pariente (m) lejano	fjern slektning (m)	['fjæːn̩ 'ʂlektniŋ]
parientes (pl)	slektninger (m pl)	['ʂlektniŋər]

huérfano (m), huérfana (f)	foreldreløst barn (n)	[for'ɛldrələst ˌbɑːn̩]
tutor (m)	formynder (m)	['forˌmʏnər]
adoptar (un niño)	å adoptere	[ɔ adɔp'terə]
adoptar (una niña)	å adoptere	[ɔ adɔp'terə]

La medicina

enfermedad (f)	sykdom (m)	['syk,dɔm]
estar enfermo	å være syk	[ɔ 'væːrə 'syk]
salud (f)	helse (m/f)	['hɛlsə]

resfriado (m) (coriza)	snue (m)	['snʉə]
angina (f)	angina (m)	[an'gina]
resfriado (m)	forkjølelse (m)	[fɔr'çœləlsə]
resfriarse (vr)	å forkjøle seg	[ɔ fɔr'çœlə sæj]

bronquitis (f)	bronkitt (m)	[brɔn'kit]
pulmonía (f)	lungebetennelse (m)	['lʉŋə be'tɛnəlsə]
gripe (f)	influensa (m)	[inflʉ'ɛnsa]

miope (adj)	nærsynt	['næ,synt]
présbita (adj)	langsynt	['laŋsynt]
estrabismo (m)	skjeløydhet (m)	['ʂɛløjd,het]
estrábico (m) (adj)	skjeløyd	['ʂɛl,øjd]
catarata (f)	grå stær, katarakt (m)	['grɔ ,stær], [kata'rakt]
glaucoma (m)	glaukom (n)	[glaʉ'kɔm]

insulto (m)	hjerneslag (n)	['jæːɳə,slag]
ataque (m) cardiaco	infarkt (n)	[in'farkt]
infarto (m) de miocardio	myokardieinfarkt (n)	['miɔ'kardiə in'farkt]
parálisis (f)	paralyse, lammelse (m)	['para'lyse], ['laməlsə]
paralizar (vt)	å lamme	[ɔ 'lamə]

alergia (f)	allergi (m)	[alæː'gi]
asma (f)	astma (m)	['astma]
diabetes (f)	diabetes (m)	[dia'betəs]

| dolor (m) de muelas | tannpine (m/f) | ['tan,pinə] |
| caries (f) | karies (m) | ['karies] |

diarrea (f)	diaré (m)	[dia'rɛ]
estreñimiento (m)	forstoppelse (m)	[fɔ'ʂtɔpəlsə]
molestia (f) estomacal	magebesvær (m)	['magə,be'svær]
envenenamiento (m)	matforgiftning (m/f)	['mat,fɔr'jiftniŋ]
envenenarse (vr)	å få matforgiftning	[ɔ 'fɔ mat,fɔr'jiftniŋ]

artritis (f)	artritt (m)	[aː'trit]
raquitismo (m)	rakitt (m)	[ra'kit]
reumatismo (m)	revmatisme (m)	[revma'tismə]
ateroesclerosis (f)	arteriosklerose (m)	[aː'teriʊskle,rʊsə]

| gastritis (f) | magekatarr, gastritt (m) | ['magəka,tar], [,ga'strit] |
| apendicitis (f) | appendisitt (m) | [apɛndi'sit] |

colecistitis (f)	**galleblærebetennelse** (m)	['galə‚blærə be'tɛnəlse]
úlcera (f)	**magesår** (n)	['magə‚sɔr]

sarampión (m)	**meslinger** (m pl)	['mɛs‚liŋər]
rubeola (f)	**røde hunder** (m pl)	['rødə 'hʉnər]
ictericia (f)	**gulsott** (m/f)	['gʉl‚sʊt]
hepatitis (f)	**hepatitt** (m)	[hepa'tit]

esquizofrenia (f)	**schizofreni** (m)	[ṣisʉfre'ni]
rabia (f) (hidrofobia)	**rabies** (m)	['rabiəs]
neurosis (f)	**nevrose** (m)	[nev'rʊsə]
conmoción (f) cerebral	**hjernerystelse** (m)	['jæːŋə‚rʏstəlsə]

cáncer (m)	**kreft, cancer** (m)	['krɛft], ['kansər]
esclerosis (f)	**sklerose** (m)	[skle'rʊsə]
esclerosis (m) múltiple	**multippel sklerose** (m)	[mʉl'tipəl skle'rʊsə]

alcoholismo (m)	**alkoholisme** (m)	[alkʊhʊ'lismə]
alcohólico (m)	**alkoholiker** (m)	[alkʊ'hʊlikər]
sífilis (f)	**syfilis** (m)	['syfilis]
SIDA (m)	**AIDS, aids** (m)	['ɛjds]

tumor (m)	**svulst, tumor** (m)	['svʉlst], [tʉ'mʊr]
maligno (adj)	**ondartet, malign**	['ʊn‚aːtət], [ma'lign]
benigno (adj)	**godartet**	['gʊ‚aːtət]

fiebre (f)	**feber** (m)	['febər]
malaria (f)	**malaria** (m)	[ma'laria]
gangrena (f)	**koldbrann** (m)	['kɔlbran]
mareo (m)	**sjøsyke** (m)	['ṣøˌsykə]
epilepsia (f)	**epilepsi** (m)	[ɛpilep'si]

epidemia (f)	**epidemi** (m)	[ɛpide'mi]
tifus (m)	**tyfus** (m)	['tyfʉs]
tuberculosis (f)	**tuberkulose** (m)	[tubærkʉ'lʊsə]
cólera (f)	**kolera** (m)	['kʉlera]
peste (f)	**pest** (m)	['pɛst]

48. Los síntomas. Los tratamientos. Unidad 1

síntoma (m)	**symptom** (n)	[sʏmp'tʊm]
temperatura (f)	**temperatur** (m)	[tɛmpəra'tʉr]
fiebre (f)	**høy temperatur** (m)	['høj tɛmpəra'tʉr]
pulso (m)	**puls** (m)	['pʉls]

mareo (m) (vértigo)	**svimmelhet** (m)	['sviməl‚het]
caliente (adj)	**varm**	['varm]
escalofrío (m)	**skjelving** (m/f)	['ṣɛlviŋ]
pálido (adj)	**blek**	['blek]

tos (f)	**hoste** (m)	['hʊstə]
toser (vi)	**å hoste**	[ɔ 'hʊstə]
estornudar (vi)	**å nyse**	[ɔ 'nysə]
desmayo (m)	**besvimelse** (m)	[bɛ'sviməlsə]

desmayarse (vr)	å besvime	[ɔ be'svimə]
moradura (f)	blåmerke (n)	['blɔˌmærkə]
chichón (m)	bule (m)	['bʉlə]
golpearse (vr)	å slå seg	[ɔ 'slɔ sæj]
magulladura (f)	blåmerke (n)	['blɔˌmærkə]
magullarse (vr)	å slå seg	[ɔ 'slɔ sæj]

cojear (vi)	å halte	[ɔ 'haltə]
dislocación (f)	forvridning (m)	[fɔr'vridniŋ]
dislocar (vt)	å forvri	[ɔ fɔr'vri]
fractura (f)	brudd (n), fraktur (m)	['brʉd], [frak'tʉr]
tener una fractura	å få brudd	[ɔ ɔ 'fɔ 'brʉd]

corte (m) (tajo)	skjæresår (n)	['ʂæːrəˌsɔr]
cortarse (vr)	å skjære seg	[ɔ 'ʂæːrə sæj]
hemorragia (f)	blødning (m/f)	['blødniŋ]

| quemadura (f) | brannsår (n) | ['branˌsɔr] |
| quemarse (vr) | å brenne seg | [ɔ 'brɛnə sæj] |

pincharse (~ el dedo)	å stikke	[ɔ 'stikə]
pincharse (vr)	å stikke seg	[ɔ 'stikə sæj]
herir (vt)	å skade	[ɔ 'skadə]
herida (f)	skade (n)	['skadə]
lesión (f) (herida)	sår (n)	['sɔr]
trauma (m)	traume (m)	['traʊmə]

delirar (vi)	å snakke i villelse	[ɔ 'snakə i 'viləlsə]
tartamudear (vi)	å stamme	[ɔ 'stamə]
insolación (f)	solstikk (n)	['sʊlˌstik]

49. Los síntomas. Los tratamientos. Unidad 2

| dolor (m) | smerte (m) | ['smæːʈə] |
| astilla (f) | flis (m/f) | ['flis] |

sudor (m)	svette (m)	['svɛtə]
sudar (vi)	å svette	[ɔ 'svɛtə]
vómito (m)	oppkast (n)	['ɔpˌkast]
convulsiones (f pl)	kramper (m pl)	['krampər]

embarazada (adj)	gravid	[gra'vid]
nacer (vi)	å fødes	[ɔ 'fødə]
parto (m)	fødsel (m)	['føtsəl]
dar a luz	å føde	[ɔ 'fødə]
aborto (m)	abort (m)	[a'bɔːʈ]

respiración (f)	åndedrett (n)	['ɔŋdəˌdrɛt]
inspiración (f)	innånding (m/f)	['inˌɔniŋ]
espiración (f)	utånding (m/f)	['ʉtˌɔndiŋ]
espirar (vi)	å puste ut	[ɔ 'pʉstə ʉt]
inspirar (vi)	å ånde inn	[ɔ 'ɔŋdə ˌin]
inválido (m)	handikappet person (m)	['handiˌkapet pæ'ʂʉn]
mutilado (m)	krøpling (m)	['krøpliŋ]

drogadicto (m)	**narkoman** (m)	[narkʊ'man]
sordo (adj)	**døv**	['døv]
mudo (adj)	**stum**	['stʉm]
sordomudo (adj)	**døvstum**	['døf,stʉm]

loco (adj)	**gal**	['gal]
loco (m)	**gal mann** (m)	['gal ,man]
loca (f)	**gal kvinne** (m/f)	['gal ,kvinə]
volverse loco	**å bli sinnssyk**	[ɔ 'bli 'sin,syk]

gen (m)	**gen** (m)	['gen]
inmunidad (f)	**immunitet** (m)	[imʉni'tet]
hereditario (adj)	**arvelig**	['arvəli]
de nacimiento (adj)	**medfødt**	['me:,føt]

virus (m)	**virus** (m)	['virʉs]
microbio (m)	**mikrobe** (m)	[mi'krʊbə]
bacteria (f)	**bakterie** (m)	[bak'teriə]
infección (f)	**infeksjon** (m)	[infɛk'ʂʊn]

50. Los síntomas. Los tratamientos. Unidad 3

hospital (m)	**sykehus** (n)	['sykə,hʉs]
paciente (m)	**pasient** (m)	[pasi'ɛnt]

diagnosis (f)	**diagnose** (m)	[dia'gnʊsə]
cura (f)	**kur** (m)	['kʉr]
tratamiento (m)	**behandling** (m/f)	[be'handliŋ]
curarse (vr)	**å bli behandlet**	[ɔ 'bli be'handlət]
tratar (vt)	**å behandle**	[ɔ be'handlə]
cuidar (a un enfermo)	**å skjøtte**	[ɔ 'ʂøtə]
cuidados (m pl)	**sykepleie** (m/f)	['sykə,plæjə]

operación (f)	**operasjon** (m)	[ɔpəra'ʂʊn]
vendar (vt)	**å forbinde**	[ɔ fɔr'binə]
vendaje (m)	**forbinding** (m)	[fɔr'biniŋ]

vacunación (f)	**vaksinering** (m/f)	[vaksi'neriŋ]
vacunar (vt)	**å vaksinere**	[ɔ vaksi'nerə]
inyección (f)	**injeksjon** (m), **sprøyte** (m/f)	[injɛk'ʂʊn], ['sprøjtə]
aplicar una inyección	**å gi en sprøyte**	[ɔ 'ji en 'sprøjtə]

ataque (m)	**anfall** (n)	['an,fal]
amputación (f)	**amputasjon** (m)	[ampʉta'ʂʊn]
amputar (vt)	**å amputere**	[ɔ ampʉ'terə]
coma (m)	**koma** (m)	['kʊma]
estar en coma	**å ligge i koma**	[ɔ 'ligə i 'kʊma]
revitalización (f)	**intensivavdeling** (m/f)	['inten,siv 'av,deliŋ]

recuperarse (vr)	**å bli frisk**	[ɔ 'bli 'frisk]
estado (m) (de salud)	**tilstand** (m)	['til,stan]
consciencia (f)	**bevissthet** (m)	[be'vist,het]
memoria (f)	**minne** (n), **hukommelse** (m)	['minə], [hʉ'kɔməlsə]
extraer (un diente)	**å trekke ut**	[ɔ 'trɛkə ʉt]

| empaste (m) | fylling (m/f) | ['fʏlɪŋ] |
| empastar (vt) | å plombere | [ɔ plʊm'berə] |

| hipnosis (f) | hypnose (m) | [hʏp'nʊsə] |
| hipnotizar (vt) | å hypnotisere | [ɔ hʏpnʊti'serə] |

51. Los médicos

médico (m)	lege (m)	['legə]
enfermera (f)	sykepleierske (m/f)	['sʏkəˌplæjeʂkə]
médico (m) personal	personlig lege (m)	[pæ'ʂʊnli 'legə]

dentista (m)	tannlege (m)	['tanˌlegə]
oftalmólogo (m)	øyelege (m)	['øjəˌlegə]
internista (m)	terapeut (m)	[terɑ'pɛut]
cirujano (m)	kirurg (m)	[çi'rʉrg]

psiquiatra (m)	psykiater (m)	[sʏki'ɑtər]
pediatra (m)	barnelege (m)	['bɑːŋəˌlegə]
psicólogo (m)	psykolog (m)	[sʏkʊ'lɔg]
ginecólogo (m)	gynekolog (m)	[gynekʊ'lɔg]
cardiólogo (m)	kardiolog (m)	[kɑːɖiʊ'lɔg]

52. La medicina. Las drogas. Los accesorios

medicamento (m), droga (f)	medisin (m)	[medi'sin]
remedio (n)	middel (n)	['midəl]
prescribir (vt)	å ordinere	[ɔ ɔrdi'nerə]
receta (f)	resept (m)	[re'sɛpt]

tableta (f)	tablett (m)	[tab'let]
ungüento (m)	salve (m/f)	['salvə]
ampolla (f)	ampulle (m)	[am'pʉlə]
mixtura (f), mezcla (f)	mikstur (m)	[miks'tʉr]
sirope (m)	sirup (m)	['sirʉp]
píldora (f)	pille (m/f)	['pilə]
polvo (m)	pulver (n)	['pʉlvər]

venda (f)	gasbind (n)	['gasˌbin]
algodón (m) (discos de ~)	vatt (m/n)	['vat]
yodo (m)	jod (m/n)	['ʉd]

tirita (f), curita (f)	plaster (n)	['plɑstər]
pipeta (f)	pipette (m)	[pi'pɛtə]
termómetro (m)	termometer (n)	[tɛrmʊ'metər]
jeringa (f)	sprøyte (m/f)	['sprøjtə]

| silla (f) de ruedas | rullestol (m) | ['rʉləˌstʊl] |
| muletas (f pl) | krykker (m/f pl) | ['krʏkər] |

| anestésico (m) | smertestillende middel (n) | ['smæːʈəˌstilenə 'midəl] |
| purgante (m) | laksativ (n) | [lɑksɑ'tiv] |

alcohol (m)	**sprit** (m)	['sprit]
hierba (f) medicinal	**legeurter** (m/f pl)	['legəˌʉːɭər]
de hierbas (té ~)	**urte-**	['ʉːɭə-]

EL AMBIENTE HUMANO

La ciudad

ciudad (f)	by (m)	['by]
capital (f)	hovedstad (m)	['hʊvəd‚stad]
aldea (f)	landsby (m)	['lans‚by]
plano (m) de la ciudad	bykart (n)	['by‚kɑ:t]
centro (m) de la ciudad	sentrum (n)	['sɛntrum]
suburbio (m)	forstad (m)	['fɔ‚stad]
suburbano (adj)	forstads-	['fɔ‚stads-]
arrabal (m)	utkant (m)	['ʉt‚kant]
afueras (f pl)	omegner (m pl)	['ɔm‚æjnər]
barrio (m)	kvarter (n)	[kvɑ:ţer]
zona (f) de viviendas	boligkvarter (n)	['bʊli‚kvɑ:'ţer]
tráfico (m)	trafikk (m)	[trɑ'fik]
semáforo (m)	trafikklys (n)	[trɑ'fik‚lys]
transporte (m) urbano	offentlig transport (m)	['ɔfentli trans'pɔ:t]
cruce (m)	veikryss (n)	['væjkrʏs]
paso (m) de peatones	fotgjengerovergang (m)	['fʉtˌjɛŋər 'ɔvər‚gɑŋ]
paso (m) subterráneo	undergang (m)	['ʉnər‚gɑŋ]
cruzar (vt)	å gå over	[ɔ 'gɔ 'ɔvər]
peatón (m)	fotgjenger (m)	['fʉtˌjɛŋər]
acera (f)	fortau (n)	['fɔ:‚taʉ]
puente (m)	bro (m/f)	['brʊ]
muelle (m)	kai (m/f)	['kaj]
fuente (f)	fontene (m)	['fʊntnə]
alameda (f)	allé (m)	[a'le:]
parque (m)	park (m)	['park]
bulevar (m)	bulevard (m)	[bule'var]
plaza (f)	torg (n)	['tɔr]
avenida (f)	aveny (m)	[ave'ny]
calle (f)	gate (m/f)	['gatə]
callejón (m)	sidegate (m/f)	['sidə‚gatə]
callejón (m) sin salida	blindgate (m/f)	['blin‚gatə]
casa (f)	hus (n)	['hʉs]
edificio (m)	bygning (m/f)	['bʏgniŋ]
rascacielos (m)	skyskraper (m)	['şy‚skrapər]
fachada (f)	fasade (m)	[fa'sadə]
techo (m)	tak (n)	['tak]

ventana (f)	vindu (n)	['vindʉ]
arco (m)	bue (m)	['bʉ:ə]
columna (f)	søyle (m)	['søjlə]
esquina (f)	hjørne (n)	['jœ:ŋə]

escaparate (f)	utstillingsvindu (n)	['ʉt‚stiliŋs 'vindʉ]
letrero (m) (~ luminoso)	skilt (n)	['ʂilt]
cartel (m)	plakat (m)	[pla'kat]
cartel (m) publicitario	reklameplakat (m)	[rɛ'klamə‚pla'kat]
valla (f) publicitaria	reklametavle (m/f)	[rɛ'klamə‚tavlə]

basura (f)	søppel (m/f/n), avfall (n)	['sœpəl], ['av‚fal]
cajón (m) de basura	søppelkasse (m/f)	['sœpəl‚kasə]
tirar basura	å kaste søppel	[ɔ 'kastə 'sœpəl]
basurero (m)	søppelfylling (m/f), deponi (n)	['sœpəl‚fʏliŋ], [‚depɔ'ni]

cabina (f) telefónica	telefonboks (m)	[tele'fʉn‚bɔks]
farola (f)	lyktestolpe (m)	['lʏktə‚stɔlpə]
banco (m) (del parque)	benk (m)	['bɛŋk]

policía (m)	politi (m)	[pʉli'ti]
policía (f) (~ nacional)	politi (n)	[pʉli'ti]
mendigo (m)	tigger (m)	['tigər]
persona (f) sin hogar	hjemløs	['jɛm‚løs]

54. Las instituciones urbanas

tienda (f)	forretning, butikk (m)	[fɔ'rɛtniŋ], [bʉ'tik]
farmacia (f)	apotek (n)	[apʉ'tek]
óptica (f)	optikk (m)	[ɔp'tik]
centro (m) comercial	kjøpesenter (n)	['çœpə‚sɛntər]
supermercado (m)	supermarked (n)	['sʉpə‚market]

panadería (f)	bakeri (n)	[bake'ri]
panadero (m)	baker (m)	['bakər]
pastelería (f)	konditori (n)	[kʉnditɔ'ri]
tienda (f) de comestibles	matbutikk (m)	['matbʉ‚tik]
carnicería (f)	slakterbutikk (m)	['ʂlaktəbʉ‚tik]

verdulería (f)	grønnsaksbutikk (m)	['grœn‚saks bʉ'tik]
mercado (m)	marked (n)	['markəd]

cafetería (f)	kafé, kaffebar (m)	[ka'fe], ['kafə‚bar]
restaurante (m)	restaurant (m)	[rɛstʉ'raŋ]
cervecería (f)	pub (m)	['pʉb]
pizzería (f)	pizzeria (m)	[pitsə'ria]

peluquería (f)	frisørsalong (m)	[fri'sør sa‚lɔŋ]
oficina (f) de correos	post (m)	['pɔst]
tintorería (f)	renseri (n)	[rɛnse'ri]
estudio (m) fotográfico	fotostudio (n)	['fɔtɔ‚stʉdiɔ]

zapatería (f)	skobutikk (m)	['skʉ‚bʉ'tik]
librería (f)	bokhandel (m)	['bʉk‚handəl]

tienda (f) deportiva	idrettsbutikk (m)	['idrɛts bʉ'tik]
arreglos (m pl) de ropa	reparasjon (m) av klær	[repara'ʂʉn ɑ: ˌklær]
alquiler (m) de ropa	leie (m/f) av klær	['læjə ɑ: ˌklær]
videoclub (m)	filmutleie (m/f)	['film ʉt'læje]

circo (m)	sirkus (m/n)	['sirkʉs]
zoológico (m)	zoo, dyrepark (m)	['sʉ:], [dyrə'park]
cine (m)	kino (m)	['çinʉ]
museo (m)	museum (n)	[mʉ'seum]
biblioteca (f)	bibliotek (n)	[bibliʉ'tek]

teatro (m)	teater (n)	[te'atər]
ópera (f)	opera (m)	['ʉpera]
club (m) nocturno	nattklubb (m)	['natˌklʉb]
casino (m)	kasino (n)	[ka'sinʉ]

mezquita (f)	moské (m)	[mʉ'ske]
sinagoga (f)	synagoge (m)	[syna'gʉgə]
catedral (f)	katedral (m)	[kate'dral]
templo (m)	tempel (n)	['tɛmpəl]
iglesia (f)	kirke (m/f)	['çirkə]

instituto (m)	institutt (n)	[insti'tʉt]
universidad (f)	universitet (n)	[ʉnivæʂi'tet]
escuela (f)	skole (m/f)	['skʉlə]

prefectura (f)	prefektur (n)	[prɛfɛk'tʉr]
alcaldía (f)	rådhus (n)	['rɔdˌhʉs]
hotel (m)	hotell (n)	[hʉ'tɛl]
banco (m)	bank (m)	['bank]

embajada (f)	ambassade (m)	[amba'sadə]
agencia (f) de viajes	reisebyrå (n)	['ræjsə byˌro]
oficina (f) de información	opplysningskontor (n)	[ɔp'lʏsniŋs kʉn'tʉr]
oficina (f) de cambio	vekslingskontor (n)	['vɛkʂliŋs kʉn'tʉr]

metro (m)	tunnelbane, T-bane (m)	['tʉnelˌbanə], ['tɛːˌbanə]
hospital (m)	sykehus (n)	['sykəˌhʉs]

gasolinera (f)	bensinstasjon (m)	[bɛn'sinˌsta'ʂʉn]
aparcamiento (m)	parkeringsplass (m)	[par'keriŋsˌplas]

55. Los avisos

letrero (m) (~ luminoso)	skilt (n)	['ʂilt]
cartel (m) (texto escrito)	innskrift (m/f)	['inˌskrift]
pancarta (f)	plakat, poster (m)	['plaˌkat], ['pɔstər]
señal (m) de dirección	veiviser (m)	['væjˌvisər]
flecha (f) (signo)	pil (m/f)	['pil]

advertencia (f)	advarsel (m)	['adˌvaʂəl]
aviso (m)	varselskilt (n)	['vaʂəlˌʂilt]
advertir (vt)	å varsle	[ɔ 'vaʂlə]
día (m) de descanso	fridag (m)	['friˌda]

horario (m)	rutetabell (m)	['rʉtə‚ta'bɛl]
horario (m) de apertura	åpningstider (m/f pl)	['ɔpniŋs‚tidər]
¡BIENVENIDOS!	VELKOMMEN!	['vɛl‚kɔmən]
ENTRADA	INNGANG	['in‚gaŋ]
SALIDA	UTGANG	['ʉt‚gaŋ]
EMPUJAR	SKYV	['ʂyv]
TIRAR	TREKK	['trɛk]
ABIERTO	ÅPENT	['ɔpənt]
CERRADO	STENGT	['stɛŋt]
MUJERES	DAMER	['damər]
HOMBRES	HERRER	['hærər]
REBAJAS	RABATT	[ra'bat]
SALDOS	SALG	['salg]
NOVEDAD	NYTT!	['nʏt]
GRATIS	GRATIS	['gratis]
¡ATENCIÓN!	FORSIKTIG!	[fʊ'ʂiktə]
COMPLETO	INGEN LEDIGE ROM	['iŋən 'lediə rʊm]
RESERVADO	RESERVERT	[resɛr'vɛːt]
ADMINISTRACIÓN	ADMINISTRASJON	[administra'ʂʉn]
SÓLO PERSONAL AUTORIZADO	KUN FOR ANSATTE	['kʉn fɔr an'satə]
CUIDADO CON EL PERRO	VOKT DEM FOR HUNDEN	['vɔkt dem fɔ 'hʉnən]
PROHIBIDO FUMAR	RØYKING FORBUDT	['røjkiŋ fɔr'bʉt]
NO TOCAR	IKKE RØR!	['ikə 'rør]
PELIGROSO	FARLIG	['faːli]
PELIGRO	FARE	['farə]
ALTA TENSIÓN	HØYSPENNING	['høj‚spɛniŋ]
PROHIBIDO BAÑARSE	BADING FORBUDT	['badiŋ fɔr'bʉt]
NO FUNCIONA	I USTAND	[i 'ʉ‚stan]
INFLAMABLE	BRANNFARLIG	['bran‚faːli]
PROHIBIDO	FORBUDT	[fɔr'bʉt]
PROHIBIDO EL PASO	INGEN INNKJØRING	['iŋən 'in‚çœriŋ]
RECIÉN PINTADO	NYMALT	['ny‚malt]

56. El transporte urbano

autobús (m)	buss (m)	['bʉs]
tranvía (m)	trikk (m)	['trik]
trolebús (m)	trolleybuss (m)	['trɔli‚bʉs]
itinerario (m)	rute (m/f)	['rʉtə]
número (m)	nummer (n)	['nʉmər]
ir en ...	å kjøre med ...	[ɔ 'çœːrə me ...]
tomar (~ el autobús)	å gå på ...	[ɔ 'gɔ pɔ ...]
bajar (~ del tren)	å gå av ...	[ɔ 'gɔ aː ...]

parada (f)	holdeplass (m)	['hɔlə,plas]
próxima parada (f)	neste holdeplass (m)	['nɛstə 'hɔlə,plas]
parada (f) final	endestasjon (m)	['ɛnə,sta'ʂʊn]
horario (m)	rutetabell (m)	['rʉtə,ta'bɛl]
esperar (aguardar)	å vente	[ɔ 'vɛntə]

| billete (m) | billett (m) | [bi'let] |
| precio (m) del billete | billettpris (m) | [bi'let,pris] |

cajero (m)	kasserer (m)	[ka'serər]
control (m) de billetes	billettkontroll (m)	[bi'let kʊn,trɔl]
revisor (m)	billett inspektør (m)	[bi'let inspɛk'tør]

llegar tarde (vi)	å komme for sent	[ɔ 'kɔmə fɔ'ʂɛnt]
perder (~ el tren)	å komme for sent til ...	[ɔ 'kɔmə fɔ'ʂɛnt til ...]
tener prisa	å skynde seg	[ɔ 'ʂynə sæj]

taxi (m)	drosje (m/f), taxi (m)	['drɔʂɛ], ['taksi]
taxista (m)	taxisjåfør (m)	['taksi ʂo'før]
en taxi	med taxi	[me 'taksi]
parada (f) de taxi	taxiholdeplass (m)	['taksi 'hɔlə,plas]
llamar un taxi	å taxi bestellen	[ɔ 'taksi be'stɛlən]
tomar un taxi	å ta taxi	[ɔ 'ta ,taksi]

tráfico (m)	trafikk (m)	[tra'fik]
atasco (m)	trafikkork (m)	[tra'fik,kɔrk]
horas (f pl) de punta	rushtid (m/f)	['rʉʂ,tid]
aparcar (vi)	å parkere	[ɔ par'kerə]
aparcar (vt)	å parkere	[ɔ par'kerə]
aparcamiento (m)	parkeringsplass (m)	[par'keriŋs,plas]

metro (m)	tunnelbane, T-bane (m)	['tʉnəl,banə], ['tɛː,banə]
estación (f)	stasjon (m)	[sta'ʂʊn]
ir en el metro	å kjøre med T-bane	[ɔ 'çœːrə me 'tɛː,banə]
tren (m)	tog (n)	['tɔg]
estación (f)	togstasjon (m)	['tɔg,sta'ʂʊn]

57. El turismo. La excursión

monumento (m)	monument (n)	[mɔnʉ'mɛnt]
fortaleza (f)	festning (m/f)	['fɛstniŋ]
palacio (m)	palass (n)	[pa'las]
castillo (m)	borg (m)	['bɔrg]
torre (f)	tårn (n)	['tɔːɳ]
mausoleo (m)	mausoleum (n)	[maʊsʊ'leum]

arquitectura (f)	arkitektur (m)	[arkitɛk'tʉr]
medieval (adj)	middelalderlig	['midəl,aldɛːḻi]
antiguo (adj)	gammel	['gaməl]
nacional (adj)	nasjonal	[naʂʊ'nal]
conocido (adj)	kjent	['çɛnt]

| turista (m) | turist (m) | [tʉ'rist] |
| guía (m) (persona) | guide (m) | ['gajd] |

excursión (f)	utflukt (m/f)	['ʉt.flʉkt]
mostrar (vt)	å vise	[ɔ 'visə]
contar (una historia)	å fortelle	[ɔ fɔːˈtɛlə]

encontrar (hallar)	å finne	[ɔ 'finə]
perderse (vr)	å gå seg bort	[ɔ 'gɔ sæj 'bʉːt]
plano (m) (~ de metro)	kart, linjekart (n)	['kɑːt], ['linjəˈkɑːt]
mapa (m) (~ de la ciudad)	kart (n)	['kɑːt]

recuerdo (m)	suvenir (m)	[sʉve'nir]
tienda (f) de regalos	suvenirbutikk (m)	[sʉve'nir bʉ'tik]
hacer fotos	å fotografere	[ɔ fɔtɔgrɑ'ferə]
fotografiarse (vr)	å bli fotografert	[ɔ 'bli fɔtɔgrɑ'fɛːt]

58. Las compras

comprar (vt)	å kjøpe	[ɔ 'çœːpə]
compra (f)	innkjøp (n)	['in.çœp]
hacer compras	å gå shopping	[ɔ 'gɔ ˌʂɔpiŋ]
compras (f pl)	shopping (m)	['ʂɔpiŋ]

| estar abierto (tienda) | å være åpen | [ɔ 'værə 'ɔpən] |
| estar cerrado | å være stengt | [ɔ 'værə 'stɛŋt] |

calzado (m)	skotøy (n)	['skʉtøj]
ropa (f)	klær (n)	['klær]
cosméticos (m pl)	kosmetikk (m)	[kʉsme'tik]
productos alimenticios	matvarer (m/f pl)	['mɑt.vɑrər]
regalo (m)	gave (m/f)	['gɑvə]

| vendedor (m) | forselger (m) | [fɔ'ʂɛlər] |
| vendedora (f) | forselger (m) | [fɔ'ʂɛlər] |

caja (f)	kasse (m/f)	['kɑsə]
espejo (m)	speil (n)	['spæjl]
mostrador (m)	disk (m)	['disk]
probador (m)	prøverom (n)	['prøvəˌrʉm]

probar (un vestido)	å prøve	[ɔ 'prøvə]
quedar (una ropa, etc.)	å passe	[ɔ 'pɑsə]
gustar (vi)	å like	[ɔ 'likə]

precio (m)	pris (m)	['pris]
etiqueta (f) de precio	prislapp (m)	['prisˌlɑp]
costar (vt)	å koste	[ɔ 'kɔstə]
¿Cuánto?	Hvor mye?	[vʉr 'mye]
descuento (m)	rabatt (m)	[rɑ'bɑt]

no costoso (adj)	billig	['bili]
barato (adj)	billig	['bili]
caro (adj)	dyr	['dyr]
Es caro	Det er dyrt	[de ær 'dyːt]
alquiler (m)	utleie (m/f)	['ʉtˌlæjə]
alquilar (vt)	å leie	[ɔ 'læjə]

| crédito (m) | kreditt (m) | [krɛ'dit] |
| a crédito (adv) | på kreditt | [pɔ krɛ'dit] |

59. El dinero

dinero (m)	penger (m pl)	['pɛŋər]
cambio (m)	veksling (m/f)	['vɛkşliŋ]
curso (m)	kurs (m)	['kʉş]
cajero (m) automático	minibank (m)	['mini͵baŋk]
moneda (f)	mynt (m)	['mʏnt]

| dólar (m) | dollar (m) | ['dɔlɑr] |
| euro (m) | euro (m) | ['ɛʉrʊ] |

lira (f)	lira (m)	['lire]
marco (m) alemán	mark (m/f)	['mɑrk]
franco (m)	franc (m)	['frɑn]
libra esterlina (f)	pund sterling (m)	['pʉn stɛː'liŋ]
yen (m)	yen (m)	['jɛn]

deuda (f)	skyld (m/f), gjeld (m)	['şyl], ['jɛl]
deudor (m)	skyldner (m)	['şylnər]
prestar (vt)	å låne ut	[ɔ 'loːnə ʉt]
tomar prestado	å låne	[ɔ 'loːnə]

banco (m)	bank (m)	['bɑŋk]
cuenta (f)	konto (m)	['kɔntʊ]
ingresar (~ en la cuenta)	å sette inn	[ɔ 'sɛtə in]
ingresar en la cuenta	å sette inn på kontoen	[ɔ 'sɛtə in pɔ 'kɔntʊən]
sacar de la cuenta	å ta ut fra kontoen	[ɔ 'tɑ ʉt frɑ 'kɔntʊən]

tarjeta (f) de crédito	kredittkort (n)	[krɛ'dit͵kɔːt]
dinero (m) en efectivo	kontanter (m pl)	[kʊn'tɑntər]
cheque (m)	sjekk (m)	['şɛk]
sacar un cheque	å skrive en sjekk	[ɔ 'skrivə en 'şɛk]
talonario (m)	sjekkbok (m/f)	['şɛk͵bʊk]

cartera (f)	lommebok (m)	['lʊmə͵bʊk]
monedero (m)	pung (m)	['pʉŋ]
caja (f) fuerte	safe, seif (m)	['sɛjf]

heredero (m)	arving (m)	['ɑrviŋ]
herencia (f)	arv (m)	['ɑrv]
fortuna (f)	formue (m)	['fɔr͵mʉə]

arriendo (m)	leie (m)	['læje]
alquiler (m) (dinero)	husleie (m/f)	['hʉs͵læje]
alquilar (~ una casa)	å leie	[ɔ 'læje]

precio (m)	pris (m)	['pris]
coste (m)	kostnad (m)	['kɔstnɑd]
suma (f)	sum (m)	['sʉm]
gastar (vt)	å bruke	[ɔ 'brʉkə]
gastos (m pl)	utgifter (m/f pl)	['ʉt͵jiftər]

| economizar (vi, vt) | å spare | [ɔ 'spɑrə] |
| económico (adj) | sparsom | ['spɑṣɔm] |

pagar (vi, vt)	å betale	[ɔ be'tɑlə]
pago (m)	betaling (m/f)	[be'tɑliŋ]
cambio (m) (devolver el ~)	vekslepenger (pl)	['vɛkṣlə,pɛŋər]

impuesto (m)	skatt (m)	['skɑt]
multa (f)	bot (m/f)	['bʊt]
multar (vt)	å bøtelegge	[ɔ 'bøtə,legə]

60. La oficina de correos

oficina (f) de correos	post (m)	['pɔst]
correo (m) (cartas, etc.)	post (m)	['pɔst]
cartero (m)	postbud (n)	['pɔst,bʊd]
horario (m) de apertura	åpningstider (m/f pl)	['ɔpniŋs,tidər]

carta (f)	brev (n)	['brev]
carta (f) certificada	rekommandert brev (n)	[rekʊmɑn'dɛːṭ ,brev]
tarjeta (f) postal	postkort (n)	['pɔst,kɔːṭ]
telegrama (m)	telegram (n)	[tele'grɑm]
paquete (m) postal	postpakke (m/f)	['pɔst,pɑkə]
giro (m) postal	pengeoverføring (m/f)	['pɛŋə 'ɔvər,føriŋ]

recibir (vt)	å motta	[ɔ 'mɔtɑ]
enviar (vt)	å sende	[ɔ 'sɛnə]
envío (m)	avsending (m)	['ɑf,sɛniŋ]

dirección (f)	adresse (m)	[ɑ'drɛsə]
código (m) postal	postnummer (n)	['pɔst,nʉmər]
expedidor (m)	avsender (m)	['ɑf,sɛnər]
destinatario (m)	mottaker (m)	['mɔt,tɑkər]

| nombre (m) | fornavn (n) | ['fɔr,nɑvn] |
| apellido (m) | etternavn (n) | ['ɛtə,ŋɑvn] |

tarifa (f)	tariff (m)	[tɑ'rif]
ordinario (adj)	vanlig	['vɑnli]
económico (adj)	økonomisk	[økʉ'nɔmisk]

peso (m)	vekt (m)	['vɛkt]
pesar (~ una carta)	å veie	[ɔ 'væjə]
sobre (m)	konvolutt (m)	[kʊnvʊ'lʉt]
sello (m)	frimerke (n)	['fri,mærkə]
poner un sello	å sette på frimerke	[ɔ 'sɛtə pɔ 'fri,mærkə]

La vivienda. La casa. El hogar

61. La casa. La electricidad

electricidad (f)	elektrisitet (m)	[ɛlektrisi'tet]
bombilla (f)	lyspære (m/f)	['lys‚pærə]
interruptor (m)	strømbryter (m)	['strøm‚brytər]
fusible (m)	sikring (m)	['sikriŋ]
cable, hilo (m)	ledning (m)	['ledniŋ]
instalación (f) eléctrica	ledningsnett (n)	['ledniŋs‚nɛt]
contador (m) de luz	elmåler (m)	['ɛl‚molər]
lectura (f) (~ del contador)	avlesninger (m/f pl)	['ɑv‚lesniŋər]

62. La villa. La mansión

casa (f) de campo	fritidshus (n)	['fritids‚hʉs]
villa (f)	villa (m)	['vila]
ala (f)	fløy (m)	['fløj]
jardín (m)	hage (m)	['hagə]
parque (m)	park (m)	['park]
invernadero (m) tropical	drivhus (n)	['driv‚hʉs]
cuidar (~ el jardín, etc.)	å ta vare	[ɔ 'ta ‚varə]
piscina (f)	svømmebasseng (n)	['svœmə‚ba'sɛŋ]
gimnasio (m)	gym (m)	['dʒym]
cancha (f) de tenis	tennisbane (m)	['tɛnis‚banə]
sala (f) de cine	hjemmekino (m)	['jɛmə‚çinʉ]
garaje (m)	garasje (m)	[ga'raşə]
propiedad (f) privada	privateiendom (m)	[pri'vat 'æjəndom]
terreno (m) privado	privat terreng (n)	[pri'vat tɛ'rɛŋ]
advertencia (f)	advarsel (m)	['ad‚vaşəl]
letrero (m) de aviso	varselskilt (n)	['vaşəl‚şilt]
seguridad (f)	sikkerhet (m/f)	['sikər‚het]
guardia (m) de seguridad	sikkerhetsvakt (m/f)	['sikərhɛts‚vakt]
alarma (f) antirrobo	tyverialarm (m)	[tyve'ri a'larm]

63. El apartamento

apartamento (m)	leilighet (m/f)	['læjli‚het]
habitación (f)	rom (n)	['rʉm]
dormitorio (m)	soverom (n)	['sɔvə‚rʉm]

comedor (m)	**spisestue** (m/f)	['spisə‚stʉə]
salón (m)	**dagligstue** (m/f)	['dɑgli‚stʉə]
despacho (m)	**arbeidsrom** (n)	['arbæjds‚rʊm]

antecámara (f)	**entré** (m)	[ɑn'trɛ:]
cuarto (m) de baño	**bad, baderom** (n)	['bɑd], ['bɑdə‚rʊm]
servicio (m)	**toalett, WC** (n)	[tʊɑ'let], [vɛ'sɛ]

techo (m)	**tak** (n)	['tɑk]
suelo (m)	**gulv** (n)	['gʉlv]
rincón (m)	**hjørne** (n)	['jœ:ŋə]

64. Los muebles. El interior

muebles (m pl)	**møbler** (n pl)	['møblər]
mesa (f)	**bord** (n)	['bʊr]
silla (f)	**stol** (m)	['stʊl]
cama (f)	**seng** (m/f)	['sɛŋ]

sofá (m)	**sofa** (m)	['sʊfɑ]
sillón (m)	**lenestol** (m)	['lenə‚stʊl]

librería (f)	**bokskap** (n)	['bʊk‚skɑp]
estante (m)	**hylle** (m/f)	['hʏlə]

armario (m)	**klesskap** (n)	['kle‚skɑp]
percha (f)	**knaggbrett** (n)	['knɑg‚brɛt]
perchero (m) de pie	**stumtjener** (m)	['stʉm‚tjenər]

cómoda (f)	**kommode** (m)	[kʊ'mʊdə]
mesa (f) de café	**kaffebord** (n)	['kɑfə‚bʊr]

espejo (m)	**speil** (n)	['spæjl]
tapiz (m)	**teppe** (n)	['tɛpə]
alfombra (f)	**lite teppe** (n)	['litə 'tɛpə]

chimenea (f)	**peis** (m), **ildsted** (n)	['pæjs], ['ilsted]
vela (f)	**lys** (n)	['lys]
candelero (m)	**lysestake** (m)	['lysə‚stɑkə]

cortinas (f pl)	**gardiner** (m/f pl)	[gɑ:'dinər]
empapelado (m)	**tapet** (n)	[tɑ'pet]
estor (m) de láminas	**persienne** (m)	[pæʂi'enə]

lámpara (f) de mesa	**bordlampe** (m/f)	['bʊr‚lɑmpə]
aplique (m)	**vegglampe** (m/f)	['vɛg‚lɑmpə]

lámpara (f) de pie	**gulvlampe** (m/f)	['gʉlv‚lɑmpə]
lámpara (f) de araña	**lysekrone** (m/f)	['lysə‚krʊnə]

pata (f) (~ de la mesa)	**bein** (n)	['bæjn]
brazo (m)	**armlene** (n)	['ɑrm‚lene]
espaldar (m)	**rygg** (m)	['rʏg]
cajón (m)	**skuff** (m)	['skʉf]

65. Los accesorios de cama

ropa (f) de cama	sengetøy (n)	['sɛŋəˌtøj]
almohada (f)	pute (m/f)	['pʉtə]
funda (f)	putevar, putetrekk (n)	['pʉtəˌvar], ['pʉtəˌtrɛk]
manta (f)	dyne (m/f)	['dynə]
sábana (f)	laken (n)	['lakən]
sobrecama (f)	sengeteppe (n)	['sɛŋəˌtɛpə]

66. La cocina

cocina (f)	kjøkken (n)	['çœkən]
gas (m)	gass (m)	['gas]
cocina (f) de gas	gasskomfyr (m)	['gas kɔmˌfyr]
cocina (f) eléctrica	elektrisk komfyr (m)	[ɛ'lektrisk kɔmˌfyr]
horno (m)	bakeovn (m)	['bakəˌɔvn]
horno (m) microondas	mikrobølgeovn (m)	['mikrʉˌbølgə'ɔvn]

frigorífico (m)	kjøleskap (n)	['çœləˌskap]
congelador (m)	fryser (m)	['frysər]
lavavajillas (m)	oppvaskmaskin (m)	['ɔpvask maˌʂin]

picadora (f) de carne	kjøttkvern (m/f)	['çœtˌkvɛːn]
exprimidor (m)	juicepresse (m/f)	['dʒʉsˌprɛsə]
tostador (m)	brødrister (m)	['brøˌristər]
batidora (f)	mikser (m)	['miksər]

cafetera (f) (aparato de cocina)	kaffetrakter (m)	['kafəˌtraktər]
cafetera (f) (para servir)	kaffekanne (m/f)	['kafəˌkanə]
molinillo (m) de café	kaffekvern (m/f)	['kafəˌkvɛːn]

hervidor (m) de agua	tekjele (m)	['teˌçelə]
tetera (f)	tekanne (m/f)	['teˌkanə]
tapa (f)	lokk (n)	['lɔk]
colador (m) de té	tesil (m)	['teˌsil]

cuchara (f)	skje (m)	['ʂe]
cucharilla (f)	teskje (m)	['teˌʂe]
cuchara (f) de sopa	spiseskje (m)	['spisəˌʂɛ]
tenedor (m)	gaffel (m)	['gafəl]
cuchillo (m)	kniv (m)	['kniv]

vajilla (f)	servise (n)	[sær'visə]
plato (m)	tallerken (m)	[ta'lærkən]
platillo (m)	tefat (n)	['teˌfat]

vaso (m) de chupito	shotglass (n)	['ʂɔtˌglas]
vaso (m) (~ de agua)	glass (n)	['glas]
taza (f)	kopp (m)	['kɔp]

| azucarera (f) | sukkerskål (m/f) | ['sʉkərˌskɔl] |
| salero (m) | saltbøsse (m/f) | ['saltˌbøsə] |

pimentero (m)	**pepperbøsse** (m/f)	['pɛpər,bøsə]
mantequera (f)	**smørkopp** (m)	['smœr,kɔp]

cacerola (f)	**gryte** (m/f)	['grytə]
sartén (f)	**steikepanne** (m/f)	['stæjkə,panə]
cucharón (m)	**sleiv** (m/f)	['şlæjv]
colador (m)	**dørslag** (n)	['dœşlag]
bandeja (f)	**brett** (n)	['brɛt]

botella (f)	**flaske** (m)	['flaskə]
tarro (m) de vidrio	**glasskrukke** (m/f)	['glas,krʉkə]
lata (f)	**boks** (m)	['bɔks]

abrebotellas (m)	**flaskeåpner** (m)	['flaskə,ɔpnər]
abrelatas (m)	**konservåpner** (m)	['kʉnsəv,ɔpnər]
sacacorchos (m)	**korketrekker** (m)	['kɔrkə,trɛkər]
filtro (m)	**filter** (n)	['filtər]
filtrar (vt)	**å filtrere**	[ɔ fil'trerə]

basura (f)	**søppel** (m/f/n)	['sœpəl]
cubo (m) de basura	**søppelbøtte** (m/f)	['sœpəl,bœtə]

67. El baño

cuarto (m) de baño	**bad, baderom** (n)	['bad], ['badə,rʉm]
agua (f)	**vann** (n)	['van]
grifo (m)	**kran** (m/f)	['kran]
agua (f) caliente	**varmt vann** (n)	['varmt ,van]
agua (f) fría	**kaldt vann** (n)	['kalt van]

pasta (f) de dientes	**tannpasta** (m)	['tan,pasta]
limpiarse los dientes	**å pusse tennene**	[ɔ 'pʉsə 'tɛnənə]
cepillo (m) de dientes	**tannbørste** (m)	['tan,bœştə]

afeitarse (vr)	**å barbere seg**	[ɔ bar'berə sæj]
espuma (f) de afeitar	**barberskum** (n)	[bar'bɛ,skʉm]
maquinilla (f) de afeitar	**høvel** (m)	['høvəl]

lavar (vt)	**å vaske**	[ɔ 'vaskə]
darse un baño	**å vaske seg**	[ɔ 'vaskə sæj]
ducha (f)	**dusj** (m)	['dʉş]
darse una ducha	**å ta en dusj**	[ɔ 'ta en 'dʉş]

bañera (f)	**badekar** (n)	['badə,kar]
inodoro (m)	**toalettstol** (m)	[tʉa'let,stʉl]
lavabo (m)	**vaskeservant** (m)	['vaskə,sɛr'vant]

jabón (m)	**såpe** (m/f)	['so:pə]
jabonera (f)	**såpeskål** (m/f)	['so:pə,skɔl]

esponja (f)	**svamp** (m)	['svamp]
champú (m)	**sjampo** (m)	['şam,pʉ]
toalla (f)	**håndkle** (n)	['hɔn,klε]
bata (f) de baño	**badekåpe** (m/f)	['badə,ko:pə]

colada (f), lavado (m)	**vask** (m)	['vɑsk]
lavadora (f)	**vaskemaskin** (m)	['vɑskə mɑˌʂin]
lavar la ropa	**å vaske tøy**	[ɔ 'vɑskə 'tøj]
detergente (m) en polvo	**vaskepulver** (n)	['vɑskəˌpɵlvər]

68. Los aparatos domésticos

televisor (m)	**TV** (m), **TV-apparat** (n)	['tɛvɛ], ['tɛvɛ ɑpɑ'rɑt]
magnetófono (m)	**båndopptaker** (m)	['bɔnˌɔptɑkər]
vídeo (m)	**video** (m)	['videʉ]
radio (m)	**radio** (m)	['rɑdiʉ]
reproductor (m) (~ MP3)	**spiller** (m)	['spilər]

proyector (m) de vídeo	**videoprojektor** (m)	['videʉ prɔ'jɛktɔr]
sistema (m) home cinema	**hjemmekino** (m)	['jɛməˌçinʉ]
reproductor (m) de DVD	**DVD-spiller** (m)	[deve'de ˌspilər]
amplificador (m)	**forsterker** (m)	[fɔ'ʂtærkər]
videoconsola (f)	**spillkonsoll** (m)	['spil kʉn'sɔl]

cámara (f) de vídeo	**videokamera** (n)	['videʉ ˌkɑmerɑ]
cámara (f) fotográfica	**kamera** (n)	['kɑmerɑ]
cámara (f) digital	**digitalkamera** (n)	[digi'tɑl ˌkɑmerɑ]

aspirador (m), aspiradora (f)	**støvsuger** (m)	['støfˌsɵgər]
plancha (f)	**strykejern** (n)	['strykəˌjæːɳ]
tabla (f) de planchar	**strykebrett** (n)	['strykəˌbrɛt]

teléfono (m)	**telefon** (m)	[tele'fʉn]
teléfono (m) móvil	**mobiltelefon** (m)	[mʉ'bil tele'fʉn]
máquina (f) de escribir	**skrivemaskin** (m)	['skrivə mɑˌʂin]
máquina (f) de coser	**symaskin** (m)	['siːmɑˌʂin]

micrófono (m)	**mikrofon** (m)	[mikrʉ'fʉn]
auriculares (m pl)	**hodetelefoner** (n pl)	['hɔdəteləˌfʉnər]
mando (m) a distancia	**fjernkontroll** (m)	['fjæːɳ kʉn'trɔl]

CD (m)	**CD-rom** (m)	['sɛdɛˌrʉm]
casete (m)	**kassett** (m)	[kɑ'sɛt]
disco (m) de vinilo	**plate, skive** (m/f)	['plɑtə], ['ʂivə]

LAS ACTIVIDADES DE LA GENTE

El trabajo. Los negocios. Unidad 1

69. La oficina. El trabajo de oficina

oficina (f)	kontor (n)	[kʊn'tʊr]
despacho (m)	kontor (n)	[kʊn'tʊr]
recepción (f)	resepsjon (m)	[resɛp'şʊn]
secretario (m)	sekretær (m)	[sɛkrə'tær]
secretaria (f)	sekretær (m)	[sɛkrə'tær]
director (m)	direktør (m)	[dirɛk'tør]
manager (m)	manager (m)	['mɛnidʒər]
contable (m)	regnskapsfører (m)	['rɛjnskaps,fører]
colaborador (m)	ansatt (n)	['an,sat]
muebles (m pl)	møbler (n pl)	['møblər]
escritorio (m)	bord (n)	['bʊr]
silla (f)	arbeidsstol (m)	['arbæjds,stʊl]
cajonera (f)	skuffeseksjon (m)	['skʉfə,sɛk'şʊn]
perchero (m) de pie	stumtjener (m)	['stʉm,tjenər]
ordenador (m)	datamaskin (m)	['data ma,şin]
impresora (f)	skriver (m)	['skrivər]
fax (m)	faks (m)	['faks]
fotocopiadora (f)	kopimaskin (m)	[kʉ'pi ma,şin]
papel (m)	papir (n)	[pa'pir]
papelería (f)	kontorartikler (m pl)	[kʊn'tʊr aː'ţiklər]
alfombrilla (f) para ratón	musematte (m/f)	['mʉsə,matə]
hoja (f) de papel	ark (n)	['ark]
carpeta (f)	mappe (m/f)	['mapə]
catálogo (m)	katalog (m)	[kata'lɔg]
directorio (m) telefónico	telefonkatalog (m)	[tele'fʊn kata'lɔg]
documentación (f)	dokumentasjon (m)	[dokʉmɛnta'şʊn]
folleto (m)	brosjyre (m)	[brɔ'şyrə]
prospecto (m)	reklameblad (n)	[rɛ'klamə,bla]
muestra (f)	prøve (m)	['prøvə]
reunión (f) de formación	trening (m/f)	['treniŋ]
reunión (f)	møte (n)	['møtə]
pausa (f) del almuerzo	lunsj pause (m)	['lʉnş ,pausə]
hacer una copia	å lage en kopi	[ɔ 'lagə en kʉ'pi]
hacer copias	å kopiere	[ɔ kʉ'pjerə]
recibir un fax	å motta faks	[ɔ 'mota ,faks]
enviar un fax	å sende faks	[ɔ 'sɛnə ,faks]

llamar por teléfono	å ringe	[ɔ 'riŋə]
responder (vi, vt)	å svare	[ɔ 'svɑrə]
poner en comunicación	å sætte over til ...	[ɔ 'sætə 'ɔvər til ...]
fijar (~ una reunión)	å arrangere	[ɔ arɑŋ'ʂerə]
demostrar (vt)	å demonstrere	[ɔ demɔn'strerə]
estar ausente	å være fraværende	[ɔ 'værə 'frɑˌværənə]
ausencia (f)	fravær (n)	['frɑˌvær]

70. Los procesos de negocio. Unidad 1

negocio (m), comercio (m)	bedrift, handel (m)	[be'drift], ['handəl]
ocupación (f)	yrke (n)	['yrkə]
firma (f)	firma (n)	['firma]
compañía (f)	foretak (n)	['fɔrəˌtak]
corporación (f)	korporasjon (m)	[kʊrpʊra'ʂʊn]
empresa (f)	foretak (n)	['fɔrəˌtak]
agencia (f)	agentur (n)	[agɛn'tʉr]
acuerdo (m)	avtale (m)	['avˌtalə]
contrato (m)	kontrakt (m)	[kʊn'trakt]
trato (m), acuerdo (m)	avtale (m)	['avˌtalə]
pedido (m)	bestilling (m)	[be'stiliŋ]
condición (f) del contrato	vilkår (n)	['vilˌkɔːr]
al por mayor (adv)	en gros	[ɛn 'grɔ]
al por mayor (adj)	engros-	[ɛŋ'grɔ-]
venta (f) al por mayor	engroshandel (m)	[ɛŋ'grɔˌhandəl]
al por menor (adj)	detalj-	[de'talj-]
venta (f) al por menor	detaljhandel (m)	[de'taljˌhandəl]
competidor (m)	konkurrent (m)	[kʊnkʉ'rɛnt]
competencia (f)	konkurranse (m)	[kʊnkʉ'ransə]
competir (vi)	å konkurrere	[ɔ kʊnkʉ'rerə]
socio (m)	partner (m)	['paːʈnər]
sociedad (f)	partnerskap (n)	['paːʈnəˌskap]
crisis (f)	krise (m/f)	['krisə]
bancarrota (f)	fallitt (m)	[fa'lit]
ir a la bancarrota	å gå konkurs	[ɔ 'gɔ kɔn'kʉʂ]
dificultad (f)	vanskelighet (m)	['vanskəliˌhet]
problema (m)	problem (n)	[prʊ'blem]
catástrofe (f)	katastrofe (m)	[kata'strɔfə]
economía (f)	økonomi (m)	[økʊnʊ'mi]
económico (adj)	økonomisk	[økʊ'nɔmisk]
recesión (f) económica	økonomisk nedgang (m)	[økʊ'nɔmisk 'nedˌgaŋ]
meta (f)	mål (n)	['mol]
objetivo (m)	oppgave (m/f)	['ɔpˌgavə]
comerciar (vi)	å handle	[ɔ 'handlə]
red (f) (~ comercial)	nettverk (n)	['nɛtˌværk]

| existencias (f pl) | lager (n) | ['lagər] |
| surtido (m) | sortiment (n) | [sɔ:ʈi'mɛn] |

líder (m)	leder (m)	['ledər]
grande (empresa ~)	stor	['stʊr]
monopolio (m)	monopol (n)	[mʊnʊ'pɔl]

teoría (f)	teori (m)	[teʊ'ri]
práctica (f)	praksis (m)	['praksis]
experiencia (f)	erfaring (m/f)	[ær'farin]
tendencia (f)	tendens (m)	[tɛn'dɛns]
desarrollo (m)	utvikling (m/f)	['ʉtˌviklin]

71. Los procesos de negocio. Unidad 2

| rentabilidad (f) | utbytte (n), fordel (m) | ['ʉtˌbʏtə], ['fɔ:ɖel] |
| rentable (adj) | fordelaktig | [fɔ:ɖəl'akti] |

delegación (f)	delegasjon (m)	[delega'ʂʊn]
salario (m)	lønn (m/f)	['lœn]
corregir (un error)	å rette	[ɔ 'rɛtə]
viaje (m) de negocios	forretningsreise (m/f)	[fɔ'rɛtninsˌræjsə]
comisión (f)	provisjon (m)	[prʊvi'ʂʊn]

controlar (vt)	å kontrollere	[ɔ kʊntrɔ'lerə]
conferencia (f)	konferanse (m)	[kʊnfə'ransə]
licencia (f)	lisens (m)	[li'sɛns]
fiable (socio ~)	pålitelig	[pɔ'liteli]

iniciativa (f)	initiativ (n)	[initsia'tiv]
norma (f)	norm (m)	['nɔrm]
circunstancia (f)	omstendighet (m)	[ɔm'stɛndiˌhet]
deber (m)	plikt (m/f)	['plikt]

empresa (f)	organisasjon (m)	[ɔrganisa'ʂʊn]
organización (f) (proceso)	organisering (m)	[ɔrgani'serin]
organizado (adj)	organisert	[ɔrgani'sɛ:ʈ]
anulación (f)	avlysning (m/f)	['avˌlʏsnin]
anular (vt)	å avlyse, å annullere	[ɔ 'avˌlysə], [ɔ anʉ'lerə]
informe (m)	rapport (m)	[ra'pɔ:ʈ]

patente (m)	patent (n)	[pa'tɛnt]
patentar (vt)	å patentere	[ɔ paten'terə]
planear (vt)	å planlegge	[ɔ 'planˌlegə]

premio (m)	gratiale (n)	[gratsi'a:lə]
profesional (adj)	professionel	[prʊ'fɛsiɔˌnɛl]
procedimiento (m)	prosedyre (m)	[prʊse'dyrə]

examinar (vt)	å undersøke	[ɔ 'ʉnəˌsøkə]
cálculo (m)	beregning (m/f)	[be'rɛjnin]
reputación (f)	rykte (n)	['rʏktə]
riesgo (m)	risiko (m)	['risikʊ]
dirigir (administrar)	å styre, å lede	[ɔ 'styrə], [ɔ 'ledə]

información (f)	opplysninger (m/f pl)	['ɔp͵lʏsniŋər]
propiedad (f)	eiendom (m)	['æjən͵dɔm]
unión (f)	forbund (n)	['fɔr͵bʉn]

seguro (m) de vida	livsforsikring (m/f)	['lifsfɔ͵ʂikriŋ]
asegurar (vt)	å forsikre	[ɔ fɔ'ʂikrə]
seguro (m)	forsikring (m/f)	[fɔ'ʂikriŋ]

subasta (f)	auksjon (m)	[auk'ʂʉn]
notificar (informar)	å underrette	[ɔ 'ʉnə͵rɛtə]
gestión (f)	ledelse (m)	['ledəlsə]
servicio (m)	tjeneste (m)	['tjenɛstə]

foro (m)	forum (n)	['fɔrum]
funcionar (vi)	å fungere	[ɔ fʉ'ŋerə]
etapa (f)	etappe (m)	[e'tɑpə]
jurídico (servicios ~s)	juridisk	[jʉ'ridisk]
jurista (m)	jurist (m)	[jʉ'rist]

72. La producción. Los trabajos

planta (f)	verk (n)	['værk]
fábrica (f)	fabrikk (m)	[fɑ'brik]
taller (m)	verkstad (m)	['værk͵stɑd]
planta (f) de producción	produksjonsplass (m)	[prʊdʊk'ʂʉns ͵plɑs]

industria (f)	industri (m)	[indʉ'stri]
industrial (adj)	industriell	[indʉstri'ɛl]
industria (f) pesada	tungindustri (m)	['tʉŋ ͵indʉ'stri]
industria (f) ligera	lettindustri (m)	['let͵indʉ'stri]

producción (f)	produksjon (m)	[prʊdʉk'ʂʉn]
producir (vt)	å produsere	[ɔ prʊdʉ'serə]
materias (f pl) primas	råstoffer (n pl)	['rɔ͵stɔfər]

jefe (m) de brigada	formann, bas (m)	['fɔrmɑn], ['bɑs]
brigada (f)	arbeidslag (n)	['ɑrbæjds͵lɑg]
obrero (m)	arbeider (m)	['ɑr͵bæjdər]

día (m) de trabajo	arbeidsdag (m)	['ɑrbæjds͵dɑ]
descanso (m)	hvilepause (m)	['vilə͵pause]
reunión (f)	møte (n)	['møtə]
discutir (vt)	å drøfte, å diskutere	[ɔ 'drœftə], [ɔ diskʉ'terə]

plan (m)	plan (m)	['plɑn]
cumplir el plan	å oppfylle planen	[ɔ 'ɔp͵fʏlə 'plɑnən]
tasa (f) de producción	produksjonsmål (n)	[prʊdʉk'ʂʉns ͵mol]
calidad (f)	kvalitet (m)	[kvɑli'tɛt]
control (m)	kontroll (m)	[kʊn'trɔl]
control (m) de calidad	kvalitetskontroll (m)	[kvɑli'tɛt kʊn'trɔl]

seguridad (f) de trabajo	arbeidervern (n)	['ɑrbæjdər͵væːn̩]
disciplina (f)	disiplin (m)	[disip'lin]
infracción (f)	brudd (n)	['brʉd]

violar (las reglas)	**å bryte**	[ɔ 'brytə]
huelga (f)	**streik** (m)	['stræjk]
huelguista (m)	**streiker** (m)	['stræjkər]
estar en huelga	**å streike**	[ɔ 'stræjkə]
sindicato (m)	**fagforening** (m/f)	['fagfɔˌreniŋ]

inventar (máquina, etc.)	**å oppfinne**	[ɔ 'ɔpˌfinə]
invención (f)	**oppfinnelse** (m)	['ɔpˌfinəlsə]
investigación (f)	**forskning** (m)	['fɔːʂkniŋ]
mejorar (vt)	**å forbedre**	[ɔ for'bɛdrə]
tecnología (f)	**teknologi** (m)	[tɛknʊlʊ'gi]
dibujo (m) técnico	**teknisk tegning** (m/f)	['tɛknisk ˌtæjniŋ]

cargamento (m)	**last** (m/f)	['last]
cargador (m)	**lastearbeider** (m)	['lastəˈarˌbæjdər]
cargar (camión, etc.)	**å laste**	[ɔ 'lastə]
carga (f) (proceso)	**lasting** (m/f)	['lastiŋ]
descargar (vt)	**å lesse av**	[ɔ 'lese ɑː]
descarga (f)	**avlessing** (m/f)	['avˌlesiŋ]

transporte (m)	**transport** (m)	[trans'pɔːt]
compañía (f) de transporte	**transportfirma** (n)	[trans'pɔːt ˌfirma]
transportar (vt)	**å transportere**	[ɔ transpɔː'tɛrə]

vagón (m)	**godsvogn** (m/f)	['gʊtsˌvɔŋn]
cisterna (f)	**tank** (m)	['taŋk]
camión (m)	**lastebil** (m)	['lastəˌbil]

máquina (f) herramienta	**verktøymaskin** (m)	['værktøj maˌʂin]
mecanismo (m)	**mekanisme** (m)	[meka'nismə]

desperdicios (m pl)	**industrielt avfall** (n)	[industri'ɛlt 'avˌfal]
empaquetado (m)	**pakning** (m/f)	['pakniŋ]
empaquetar (vt)	**å pakke**	[ɔ 'pakə]

73. El contrato. El acuerdo

contrato (m)	**kontrakt** (m)	[kʊn'trakt]
acuerdo (m)	**avtale** (m)	['avˌtalə]
anexo (m)	**tillegg, bilag** (n)	['tiˌleg], ['biˌlag]

firmar un contrato	**å inngå kontrakt**	[ɔ 'inˌgɔ kʊn'trakt]
firma (f) (nombre)	**underskrift** (m/f)	['ʉnəˌskrift]
firmar (vt)	**å underskrive**	[ɔ 'ʉnəˌskrivə]
sello (m)	**stempel** (n)	['stɛmpəl]

objeto (m) del acuerdo	**kontraktens gjenstand** (m)	[kʊn'traktəns 'jɛnˌstan]
cláusula (f)	**klausul** (m)	[klau'sʉl]
partes (f pl)	**parter** (m pl)	['paːʈər]
domicilio (m) legal	**juridisk adresse** (m/f)	[jʉ'ridisk a'drɛsə]

violar el contrato	**å bryte kontrakten**	[ɔ 'brytə kʊn'traktən]
obligación (f)	**forpliktelse** (m)	[for'pliktəlsə]
responsabilidad (f)	**ansvar** (n)	['anˌsvar]

fuerza mayor (f)	force majeure (m)	[ˌfɔrs maˈʒøːr]
disputa (f)	tvist (m)	[ˈtvist]
penalidades (f pl)	straffeavgifter (m pl)	[ˈstrafə avˈjiftər]

74. Importación y exportación

importación (f)	import (m)	[imˈpɔːt]
importador (m)	importør (m)	[impɔːˈtør]
importar (vt)	å importere	[ɔ impɔːˈterə]
de importación (adj)	import-	[imˈpɔːt-]

exportación (f)	eksport (m)	[ɛksˈpɔːt]
exportador (m)	eksportør (m)	[ɛkspɔːˈtør]
exportar (vt)	å eksportere	[ɔ ɛkspɔːˈterə]
de exportación (adj)	eksport-	[ɛksˈpɔːt-]

| mercancía (f) | vare (m/f) | [ˈvarə] |
| lote (m) de mercancías | parti (n) | [paːˈti] |

peso (m)	vekt (m)	[ˈvɛkt]
volumen (m)	volum (n)	[vɔˈlʉm]
metro (m) cúbico	kubikkmeter (m)	[kʉˈbikˌmetər]

productor (m)	produsent (m)	[prʉdʉˈsɛnt]
compañía (f) de transporte	transportfirma (n)	[transˈpɔːt ˌfirma]
contenedor (m)	container (m)	[kɔnˈtɛjnər]

frontera (f)	grense (m/f)	[ˈgrɛnsə]
aduana (f)	toll (m)	[ˈtɔl]
derechos (m pl) arancelarios	tollavgift (m)	[ˈtɔl avˈjift]
aduanero (m)	tollbetjent (m)	[ˈtɔlbeˌtjɛnt]
contrabandismo (m)	smugling (m/f)	[ˈsmʉgliŋ]
contrabando (m)	smuglergods (n)	[ˈsmʉgləˌgʉts]

75. Las finanzas

acción (f)	aksje (m)	[ˈakʂə]
bono (m), obligación (f)	obligasjon (m)	[ɔbligaˈʂʉn]
letra (f) de cambio	veksel (m)	[ˈvɛksəl]

| bolsa (f) | børs (m) | [ˈbœʂ] |
| cotización (f) de valores | aksjekurs (m) | [ˈakʂeˌkʉʂ] |

| abaratarse (vr) | å gå ned | [ɔ ˈgɔ ne] |
| encarecerse (vr) | å gå opp | [ɔ ˈgɔ ɔp] |

parte (f)	andel (m)	[ˈanˌdel]
interés (m) mayoritario	aksjemajoritet (m)	[ˈakʂeˌmajoriˈtet]
inversiones (f pl)	investering (m/f)	[inveˈsteriŋ]
invertir (vi, vt)	å investere	[ɔ inveˈsterə]
porcentaje (m)	prosent (m)	[prʉˈsɛnt]
interés (m)	rente (m/f)	[ˈrɛntə]

beneficio (m)	profitt (m), fortjeneste (m/f)	[prɔ'fit], [fɔːˈtjenɛstə]
beneficioso (adj)	profitabel	[prɔfi'tabəl]
impuesto (m)	skatt (m)	['skat]

divisa (f)	valuta (m)	[va'lʉta]
nacional (adj)	nasjonal	[naʂʉ'nal]
cambio (m)	veksling (m/f)	['vɛkʂliŋ]

contable (m)	regnskapsfører (m)	['rɛjnskapsˌførər]
contaduría (f)	bokføring (m/f)	['bʉk'føriŋ]

bancarrota (f)	fallitt (m)	[fa'lit]
quiebra (f)	krakk (n)	['krak]
ruina (f)	ruin (m)	[rʉ'in]
arruinarse (vr)	å ruinere seg	[ɔ rʉi'nerə sæj]
inflación (f)	inflasjon (m)	[infla'ʂun]
devaluación (f)	devaluering (m)	[devalʉ'eriŋ]

capital (m)	kapital (m)	[kapi'tal]
ingresos (m pl)	inntekt (m/f), innkomst (m)	['inˌtɛkt], ['inˌkɔmst]
volumen (m) de negocio	omsetning (m/f)	['ɔmˌsɛtniŋ]
recursos (m pl)	ressurser (m pl)	[re'sʉʂər]
recursos (m pl) monetarios	pengemidler (m pl)	['pɛŋəˌmidlər]
gastos (m pl) accesorios	faste utgifter (m/f pl)	['fastə 'ʉtˌjiftər]
reducir (vt)	å redusere	[ɔ redʉ'serə]

76. La mercadotecnia

mercadotecnia (f)	markedsføring (m/f)	['markədsˌføriŋ]
mercado (m)	marked (n)	['markəd]
segmento (m) del mercado	markedssegment (n)	['markəds seg'mɛnt]
producto (m)	produkt (n)	[prʉ'dʉkt]
mercancía (f)	vare (m/f)	['varə]

marca (f)	merkenavn (n)	['mærkəˌnavn]
marca (f) comercial	varemerke (n)	['varəˌmærkə]
logotipo (m)	firmamerke (n)	['firmaˌmærkə]
logo (m)	logo (m)	['lugʉ]

demanda (f)	etterspørsel (m)	['ɛtəˌspœʂəl]
oferta (f)	tilbud (n)	['tilˌbʉd]

necesidad (f)	behov (n)	[be'hʉv]
consumidor (m)	forbruker (m)	[fɔr'brʉkər]

análisis (m)	analyse (m)	[ana'lysə]
analizar (vt)	å analysere	[ɔ analy'serə]

posicionamiento (m)	posisjonering (m/f)	[pʉsiʂʉ'neriŋ]
posicionar (vt)	å posisjonere	[ɔ pʉsiʂʉ'nerə]

precio (m)	pris (m)	['pris]
política (f) de precios	prispolitikk (m)	['pris pʉli'tik]
formación (f) de precios	prisdannelse (m)	['prisˌdanəlsə]

77. La publicidad

publicidad (f)	reklame (m)	[rɛ'klɑmə]
publicitar (vt)	å reklamere	[ɔ rɛklɑ'merə]
presupuesto (m)	budsjett (n)	[bʉd'ʂɛt]
anuncio (m) publicitario	annonse (m)	[ɑ'nɔnsə]
publicidad (f) televisiva	TV-reklame (m)	['tɛvɛ rɛ'klɑmə]
publicidad (f) radiofónica	radioreklame (m)	['rɑdiʉ rɛ'klɑmə]
publicidad (f) exterior	utendørsreklame (m)	['ʉtən‚dœʂ rɛ'klɑmə]
medios (m pl) de comunicación de masas	massemedier (n pl)	['mɑsə‚medier]
periódico (m)	tidsskrift (n)	['tid‚skrift]
imagen (f)	image (m)	['imidʒ]
consigna (f)	slogan (n)	['slɔgɑn]
divisa (f)	motto (n)	['mɔtʉ]
campaña (f)	kampanje (m)	[kam'panjə]
campaña (f) publicitaria	reklamekampanje (m)	[rɛ'klɑmə kam'panjə]
auditorio (m) objetivo	målgruppe (m/f)	['mɔːl‚grʉpə]
tarjeta (f) de visita	visittkort (n)	[vi'sit‚kɔːt]
prospecto (m)	reklameblad (n)	[rɛ'klɑmə‚blɑ]
folleto (m)	brosjyre (m)	[brɔ'ʂyrə]
panfleto (m)	folder (m)	['fɔlər]
boletín (m)	nyhetsbrev (n)	['nyhets‚brev]
letrero (m) (~ luminoso)	skilt (n)	['ʂilt]
pancarta (f)	plakat, poster (m)	['plɑ‚kɑt], ['pɔstər]
valla (f) publicitaria	reklameskilt (m/f)	[rɛ'klɑmə‚ʂilt]

78. La banca

banco (m)	bank (m)	['bɑnk]
sucursal (f)	avdeling (m)	['ɑv‚deliŋ]
consultor (m)	konsulent (m)	[kʉnsʉ'lent]
gerente (m)	forstander (m)	[fɔ'ʂtɑndər]
cuenta (f)	bankkonto (m)	['bɑnk‚kɔntʉ]
numero (m) de la cuenta	kontonummer (n)	['kɔntʉ‚nʉmər]
cuenta (f) corriente	sjekkonto (m)	['ʂɛk‚kɔntʉ]
cuenta (f) de ahorros	sparekonto (m)	['spɑrə‚kɔntʉ]
abrir una cuenta	å åpne en konto	[ɔ 'ɔpnə en 'kɔntʉ]
cerrar la cuenta	å lukke kontoen	[ɔ 'lʉke 'kɔntʉən]
ingresar en la cuenta	å sette inn på kontoen	[ɔ 'sɛtə in pɔ 'kɔntʉən]
sacar de la cuenta	å ta ut fra kontoen	[ɔ 'tɑ ʉt fra 'kɔntʉən]
depósito (m)	innskudd (n)	['in‚skʉd]
hacer un depósito	å sette inn	[ɔ 'sɛtə in]

giro (m) bancario	overføring (m/f)	['ɔvər̩føriŋ]
hacer un giro	å overføre	[ɔ 'ɔvər̩førə]

suma (f)	sum (m)	['sɯm]
¿Cuánto?	Hvor mye?	[vʊr 'mye]

firma (f) (nombre)	underskrift (m/f)	['ɯnə̩skrift]
firmar (vt)	å underskrive	[ɔ 'ɯnə̩skrivə]

tarjeta (f) de crédito	kredittkort (n)	[krɛ'dit̩kɔːt]
código (m)	kode (m)	['kʊdə]
número (m) de tarjeta de crédito	kreditkortnummer (n)	[krɛ'dit̩kɔːt 'nɯmər]
cajero (m) automático	minibank (m)	['mini̩bank]

cheque (m)	sjekk (m)	['ʂɛk]
sacar un cheque	å skrive en sjekk	[ɔ 'skrivə en 'ʂɛk]
talonario (m)	sjekkbok (m/f)	['ʂɛk̩bʊk]

crédito (m)	lån (n)	['lɔn]
pedir el crédito	å søke om lån	[ɔ ̩søkə ɔm 'lɔn]
obtener un crédito	å få lån	[ɔ 'fɔ 'lɔn]
conceder un crédito	å gi lån	[ɔ 'ji 'lɔn]
garantía (f)	garanti (m)	[gɑrɑn'ti]

79. El teléfono. Las conversaciones telefónicas

teléfono (m)	telefon (m)	[tele'fʊn]
teléfono (m) móvil	mobiltelefon (m)	[mʊ'bil tele'fʊn]
contestador (m)	telefonsvarer (m)	[tele'fʊn̩svarər]

llamar, telefonear	å ringe	[ɔ 'riŋə]
llamada (f)	telefonsamtale (m)	[tele'fʊn 'sam̩talə]

marcar un número	å slå et nummer	[ɔ 'ʂlɔ et 'nɯmər]
¿Sí?, ¿Dígame?	Hallo!	[ha'lʊ]
preguntar (vt)	å spørre	[ɔ 'spørə]
responder (vi, vt)	å svare	[ɔ 'svarə]

oír (vt)	å høre	[ɔ 'hørə]
bien (adv)	godt	['gɔt]
mal (adv)	dårlig	['doːɭi]
ruidos (m pl)	støy (m)	['støj]

auricular (m)	telefonrør (n)	[tele'fʊn̩rør]
descolgar (el teléfono)	å ta telefonen	[ɔ 'ta tele'fʊnən]
colgar el auricular	å legge på røret	[ɔ 'legə pɔ 'rørə]

ocupado (adj)	opptatt	['ɔp̩tat]
sonar (teléfono)	å ringe	[ɔ 'riŋə]
guía (f) de teléfonos	telefonkatalog (m)	[tele'fʊn kata'lɔg]

local (adj)	lokal-	[lɔ'kal-]
llamada (f) local	lokalsamtale (m)	[lɔ'kal 'sam̩talə]

de larga distancia	riks-	['riks-]
llamada (f) de larga distancia	rikssamtale (m)	['riks 'sam̩ˌtalə]
internacional (adj)	internasjonal	['intɛːŋaʂʊˌnal]
llamada (f) internacional	internasjonal samtale (m)	['intɛːŋaʂʊˌnal 'sam̩ˌtalə]

80. El teléfono celular

teléfono (m) móvil	mobiltelefon (m)	[mʊ'bil tele'fʊn]
pantalla (f)	skjerm (m)	['ʂærm]
botón (m)	knapp (m)	['knap]
tarjeta SIM (f)	SIM-kort (n)	['simˌkɔːt]

pila (f)	batteri (n)	[batɛ'ri]
descargarse (vr)	å bli utladet	[ɔ 'bli 'ʉtˌladət]
cargador (m)	lader (m)	['ladər]

menú (m)	meny (m)	[me'ny]
preferencias (f pl)	innstillinger (m/f pl)	['inˌstiliŋər]
melodía (f)	melodi (m)	[melɔ'di]
seleccionar (vt)	å velge	[ɔ 'vɛlgə]

calculadora (f)	regnemaskin (m)	['rɛjnə maˌʂin]
contestador (m)	telefonsvarer (m)	[tele'fʊnˌsvarər]
despertador (m)	vekkerklokka (m/f)	['vɛkərˌklɔka]
contactos (m pl)	kontakter (m pl)	[kʊn'taktər]

| mensaje (m) de texto | SMS-beskjed (m) | [ɛsɛm'ɛs bɛˌʂɛ] |
| abonado (m) | abonnent (m) | [abo'nɛnt] |

81. Los artículos de escritorio. La papelería

| bolígrafo (m) | kulepenn (m) | ['kʉːləˌpɛn] |
| pluma (f) estilográfica | fyllepenn (m) | ['fʏləˌpɛn] |

lápiz (m)	blyant (m)	['blyˌant]
marcador (m)	merkepenn (m)	['mærkəˌpɛn]
rotulador (m)	tusjpenn (m)	['tʉʂˌpɛn]

| bloc (m) de notas | notatbok (m/f) | [nʊ'tatˌbʊk] |
| agenda (f) | dagbok (m/f) | ['dagˌbʊk] |

regla (f)	linjal (m)	[li'njal]
calculadora (f)	regnemaskin (m)	['rɛjnə maˌʂin]
goma (f) de borrar	viskelær (n)	['viskəˌlær]

| chincheta (f) | tegnestift (m) | ['tæjnəˌstift] |
| clip (m) | binders (m) | ['bindɛʂ] |

cola (f), pegamento (m)	lim (n)	['lim]
grapadora (f)	stiftemaskin (m)	['stiftə maˌʂin]
perforador (m)	hullemaskin (m)	['hʉlə maˌʂin]
sacapuntas (m)	blyantspisser (m)	['blyantˌspisər]

82. Tipos de negocios

contabilidad (f)	bokføringstjenester (m pl)	['buk,førins 'tjenɛstər]
publicidad (f)	reklame (m)	[rɛ'klamə]
agencia (f) de publicidad	reklamebyrå (n)	[rɛ'klamə by,ro]
climatizadores (m pl)	klimaanlegg (n pl)	['klima'an,leg]
compañía (f) aérea	flyselskap (n)	['flysəl,skap]

bebidas (f pl) alcohólicas	alkoholholdige drikke (m pl)	[alku'hul,holdiə 'drikə]
antigüedad (f)	antikviteter (m pl)	[antikvi'tetər]
galería (f) de arte	kunstgalleri (n)	['kunst gale'ri]
servicios (m pl) de auditoría	revisjonstjenester (m pl)	[revi'ʂuns,tjenɛstər]

negocio (m) bancario	bankvirksomhet (m/f)	['bank,virksɔmhet]
bar (m)	bar (m)	['bar]
salón (m) de belleza	skjønnhetssalong (m)	['ʂønhɛts sa'lɔŋ]
librería (f)	bokhandel (m)	['buk,handəl]
fábrica (f) de cerveza	bryggeri (n)	[brʏge'ri]
centro (m) de negocios	forretningssenter (n)	[fo'rɛtniŋs,sɛntər]
escuela (f) de negocios	handelsskole (m)	['handəls,skulə]

casino (m)	kasino (n)	[ka'sinu]
construcción (f)	byggeri (m/f)	[bʏgə'ri]
consultoría (f)	konsulenttjenester (m pl)	[kunsu'lent ,tjenɛstər]

estomatología (f)	tannklinik (m)	['tankli'nik]
diseño (m)	design (m)	['desajn]
farmacia (f)	apotek (n)	[apu'tek]
tintorería (f)	renseri (n)	[rɛnse'ri]
agencia (f) de empleo	rekrutteringsbyrå (n)	['rekru,teriŋs by,ro]

servicios (m pl) financieros	finansielle tjenester (m pl)	[finan'sielə ,tjenɛstər]
productos alimenticios	matvarer (m/f pl)	['mat,varər]
funeraria (f)	begravelsesbyrå (n)	[be'gravəlsəs by,ro]
muebles (m pl)	møbler (n pl)	['møblər]
ropa (f)	klær (n)	['klær]
hotel (m)	hotell (n)	[hu'tɛl]

helado (m)	iskrem (m)	['iskrɛm]
industria (f)	industri (m)	[indu'stri]
seguro (m)	forsikring (m/f)	[fo'ʂikriŋ]
internet (m), red (f)	Internett	['intə,ŋɛt]
inversiones (f pl)	investering (m/f)	[inve'steriŋ]

joyero (m)	juveler (m)	[ju'velər]
joyería (f)	smykker (n pl)	['smʏkər]
lavandería (f)	vaskeri (n)	[vaske'ri]
asesoría (f) jurídica	juridisk rådgiver (m pl)	[ju'ridisk 'rɔdjivər]
industria (f) ligera	lettindustri (m)	['let,indu'stri]

revista (f)	magasin, tidsskrift (n)	[maga'sin], ['tid,skrift]
venta (f) por catálogo	postordresalg (m)	['pɔst,ɔrdrə'salg]
medicina (f)	medisin (m)	[medi'sin]
cine (m) (iremos al ~)	kino (m)	['çinu]
museo (m)	museum (n)	[mu'seum]

agencia (f) de información	**nyhetsbyrå** (n)	['nyhets by,ro]
periódico (m)	**avis** (m/f)	[a'vis]
club (m) nocturno	**nattklubb** (m)	['nat,klʉb]

petróleo (m)	**olje** (m)	['ɔljə]
servicio (m) de entrega	**budtjeneste** (m)	[bʉd'tjenɛstə]
industria (f) farmacéutica	**legemidler** (pl)	['legə'midlər]
poligrafía (f)	**trykkeri** (n)	[trʏkə'ri]
editorial (f)	**forlag** (n)	['fɔ:ɭɑg]

radio (f)	**radio** (m)	['radiʉ]
inmueble (m)	**fast eiendom** (m)	[,fast 'æjən,dɔm]
restaurante (m)	**restaurant** (m)	[rɛstʉ'rɑŋ]

agencia (f) de seguridad	**sikkerhetsselskap** (n)	['sikərhɛts 'sel,skɑp]
deporte (m)	**sport, idrett** (m)	['spɔ:t], ['idrɛt]
bolsa (f) de comercio	**børs** (m)	['bœş]
tienda (f)	**forretning, butikk** (m)	[fo'rɛtniŋ], [bʉ'tik]
supermercado (m)	**supermarked** (n)	['sʉpə,market]
piscina (f)	**svømmebasseng** (n)	['svœmə,ba'sɛŋ]

taller (m)	**skredderi** (n)	[skrɛde'ri]
televisión (f)	**televisjon** (m)	['televi,şʉn]
teatro (m)	**teater** (n)	[te'atər]
comercio (m)	**handel** (m)	['hɑndəl]
servicios de transporte	**transport** (m)	[trans'pɔ:t]
turismo (m)	**turisme** (m)	[tʉ'rismə]

veterinario (m)	**dyrlege, veterinær** (m)	['dyr,legə], [vetəri'nær]
almacén (m)	**lager** (n)	['lagər]
recojo (m) de basura	**avfallstømming** (m/f)	['ɑvfals,tømiŋ]

El trabajo. Los negocios. Unidad 2

83. La exhibición. La feria comercial

exposición, feria (f)	messe (m/f)	['mɛsə]
feria (f) comercial	varemesse (m/f)	['varə,mɛsə]
participación (f)	deltagelse (m)	['del,tagəlsə]
participar (vi)	å delta	[ɔ 'dɛlta]
participante (m)	deltaker (m)	['del,takər]
director (m)	direktør (m)	[dirɛk'tør]
dirección (f)	arrangørkontor (m)	[araŋ'şør kun'tur]
organizador (m)	arrangør (m)	[araŋ'şør]
organizar (vt)	å organisere	[ɔ ɔrgani'serə]
solicitud (f) de participación	påmeldingsskjema (n)	['pɔmeliŋs,şema]
rellenar (vt)	å utfylle	[ɔ 'ʉt,fʏlə]
detalles (m pl)	detaljer (m pl)	[de'taljər]
información (f)	informasjon (m)	[informa'şun]
precio (m)	pris (m)	['pris]
incluso	inklusive	['inklʉ,sivə]
incluir (vt)	å inkludere	[ɔ inklʉ'derə]
pagar (vi, vt)	å betale	[ɔ be'talə]
cuota (f) de registro	registreringsavgift (m/f)	[rɛgi'strɛriŋs av'jift]
entrada (f)	inngang (m)	['in,gaŋ]
pabellón (m)	paviljong (m)	[pavi'ljɔŋ]
registrar (vt)	å registrere	[ɔ regi'strerə]
tarjeta (f) de identificación	badge (n)	['bædʒ]
stand (m) de feria	messestand (m)	['mɛsə,stan]
reservar (vt)	å reservere	[ɔ resɛr'verə]
vitrina (f)	glassmonter (m)	['glas,mɔntər]
lámpara (f)	lampe (m/f), spotlys (n)	['lampə], ['spɔt,lys]
diseño (m)	design (m)	['desajn]
poner (colocar)	å plassere	[ɔ pla'serə]
situarse (vr)	å bli plasseret	[ɔ 'bli pla'serət]
distribuidor (m)	distributør (m)	[distribʉ'tør]
proveedor (m)	leverandør (m)	[levəran'dør]
suministrar (vt)	å levere	[ɔ le'verə]
país (m)	land (n)	['lan]
extranjero (adj)	utenlandsk	['ʉtən,lansk]
producto (m)	produkt (n)	[prʉ'dʉkt]
asociación (f)	forening (m/f)	[fɔ'reniŋ]
sala (f) de conferencias	konferansesal (m)	[kʉnfə'ransə,sal]

| congreso (m) | kongress (m) | [kʊn'grɛs] |
| concurso (m) | tevling (m) | ['tɛvliŋ] |

visitante (m)	besøkende (m)	[be'søkenə]
visitar (vt)	å besøke	[ɔ be'søkə]
cliente (m)	kunde (m)	['kʊndə]

84. La ciencia. La investigación. Los científicos

ciencia (f)	vitenskap (m)	['vitən,skap]
científico (adj)	vitenskapelig	['vitən,skapəli]
científico (m)	vitenskapsmann (m)	['vitən,skaps man]
teoría (f)	teori (m)	[teʊ'ri]

axioma (m)	aksiom (n)	[aksi'ɔm]
análisis (m)	analyse (m)	[ana'lysə]
analizar (vt)	å analysere	[ɔ analy'serə]
argumento (m)	argument (n)	[argʉ'mɛnt]
sustancia (f) (materia)	stoff (n), substans (m)	['stɔf], [sʊb'stans]

hipótesis (f)	hypotese (m)	[hypʊ'tesə]
dilema (m)	dilemma (n)	[di'lema]
tesis (f) de grado	avhandling (m/f)	['av,handliŋ]
dogma (m)	dogme (n)	['dɔgmə]

doctrina (f)	doktrine (m)	[dɔk'trinə]
investigación (f)	forskning (m)	['fɔːşkniŋ]
investigar (vt)	å forske	[ɔ 'fɔːşkə]
prueba (f)	test (m), prøve (m/f)	['tɛst], ['prøve]
laboratorio (m)	laboratorium (n)	[labʊra'tɔrium]

método (m)	metode (m)	[me'tɔdə]
molécula (f)	molekyl (n)	[mʊle'kyl]
seguimiento (m)	overvåking (m/f)	['ɔvər,vɔkiŋ]
descubrimiento (m)	oppdagelse (m)	['ɔp,dagəlsə]

postulado (m)	postulat (n)	[pɔstʉ'lat]
principio (m)	prinsipp (n)	[prin'sip]
pronóstico (m)	prognose (m)	[prʊg'nʊsə]
pronosticar (vt)	å prognostisere	[ɔ prʊgnʊsti'serə]

síntesis (f)	syntese (m)	[syn'tesə]
tendencia (f)	tendens (m)	[tɛn'dɛns]
teorema (m)	teorem (n)	[teʊ'rɛm]

enseñanzas (f pl)	lære (m/f pl)	['lærə]
hecho (m)	faktum (n)	['faktum]
expedición (f)	ekspedisjon (m)	[ɛkspedi'şʊn]
experimento (m)	eksperiment (n)	[ɛksperi'mɛnt]

académico (m)	akademiker (m)	[aka'demikər]
bachiller (m)	bachelor (m)	['batşɛlor]
doctorado (m)	doktor (m)	['dɔktʊr]
docente (m)	dosent (m)	[dʊ'sɛnt]

Master (m) (~ en Letras)	**magister** (m)	[mɑˈgistər]
profesor (m)	**professor** (m)	[prʊˈfɛsʊr]

Las profesiones y los oficios

trabajo (m)	arbeid (n), jobb (m)	['arbæj], ['job]
empleados (pl)	ansatte (pl)	['an͵satə]
personal (m)	personale (n)	[pæʂu'nalə]
carrera (f)	karriere (m)	[kari'ɛrə]
perspectiva (f)	utsikter (m pl)	['ʉt͵siktər]
maestría (f)	mesterskap (n)	['mɛstæ͵skap]
selección (f)	utvelgelse (m)	['ʉt͵vɛlgəlsə]
agencia (f) de empleo	rekrutteringsbyrå (n)	['rekrʉ͵teriŋs by͵ro]
curriculum vitae (m)	CV (m/n)	['sɛvɛ]
entrevista (f)	jobbintervju (n)	['job ͵intər'vjʉ]
vacancia (f)	vakanse (m)	['vakansə]
salario (m)	lønn (m/f)	['lœn]
salario (m) fijo	fastlønn (m/f)	['fast͵lœn]
remuneración (f)	betaling (m/f)	[be'taliŋ]
puesto (m) (trabajo)	stilling (m/f)	['stiliŋ]
deber (m)	plikt (m/f)	['plikt]
gama (f) de deberes	arbeidsplikter (m/f pl)	['arbæjds͵pliktər]
ocupado (adj)	opptatt	['ɔp͵tat]
despedir (vt)	å avskjedige	[ɔ 'af͵ʂedigə]
despido (m)	avskjedigelse (m)	['afʂe͵digəlsə]
desempleo (m)	arbeidsløshet (m)	['arbæjdsløs͵het]
desempleado (m)	arbeidsløs (m)	['arbæjds͵løs]
jubilación (f)	pensjon (m)	[pan'ʂʉn]
jubilarse	å gå av med pensjon	[ɔ 'gɔ a: me pan'ʂʉn]

director (m)	direktør (m)	[dirɛk'tør]
gerente (m)	forstander (m)	[fo'ʂtandər]
jefe (m)	boss (m)	['bɔs]
superior (m)	overordnet (m)	['ɔvər͵ɔrdnet]
superiores (m pl)	overordnede (pl)	['ɔvər͵ɔrdnedə]
presidente (m)	president (m)	[prɛsi'dɛnt]
presidente (m) (de compañía)	styreformann (m)	['styrə͵forman]
adjunto (m)	stedfortreder (m)	['stedfɔ:͵tredər]
asistente (m)	assistent (m)	[asi'stɛnt]

| secretario, -a (m, f) | sekretær (m) | [sɛkrə'tær] |
| secretario (m) particular | privatsekretær (m) | [pri'vat sɛkrə'tær] |

hombre (m) de negocios	forretningsmann (m)	[fɔ'rɛtniŋs‚man]
emprendedor (m)	entreprenør (m)	[ɛntreprə'nør]
fundador (m)	grunnlegger (m)	['grʉn‚legər]
fundar (vt)	å grunnlegge, å stifte	[ɔ 'grʉn‚legə], [ɔ 'stiftə]

institutor (m)	stifter (m)	['stiftər]
socio (m)	partner (m)	['paːʈnər]
accionista (m)	aksjonær (m)	[akʂu'nær]

millonario (m)	millionær (m)	[milju'nær]
multimillonario (m)	milliardær (m)	[milja:'dær]
propietario (m)	eier (m)	['æjər]
terrateniente (m)	jordeier (m)	['juːr‚æjər]

cliente (m)	kunde (m)	['kʉndə]
cliente (m) habitual	fast kunde (m)	[‚fast 'kʉndə]
comprador (m)	kjøper (m)	['çœːpər]
visitante (m)	besøkende (m)	[be'søkenə]

profesional (m)	yrkesmann (m)	['yrkəs‚man]
experto (m)	ekspert (m)	[ɛks'pæːʈ]
especialista (m)	spesialist (m)	[spesia'list]

| banquero (m) | bankier (m) | [banki'e] |
| broker (m) | mekler, megler (m) | ['mɛklər] |

cajero (m)	kasserer (m)	[ka'serər]
contable (m)	regnskapsfører (m)	['rɛjnskaps‚førər]
guardia (m) de seguridad	sikkerhetsvakt (m/f)	['sikərhɛts‚vakt]

inversionista (m)	investor (m)	[in'vɛstʉr]
deudor (m)	skyldner (m)	['ʂylnər]
acreedor (m)	kreditor (m)	['krɛditʉr]
prestatario (m)	låntaker (m)	['lɔn‚takər]

| importador (m) | importør (m) | [impɔ:'ʈør] |
| exportador (m) | eksportør (m) | [ɛkspɔ:'ʈør] |

productor (m)	produsent (m)	[prʉdʉ'sɛnt]
distribuidor (m)	distributør (m)	[distribʉ'tør]
intermediario (m)	mellommann (m)	['mɛlɔ‚man]

asesor (m) (~ fiscal)	konsulent (m)	[kunsʉ'lent]
representante (m)	representant (m)	[represɛn'tant]
agente (m)	agent (m)	[a'gɛnt]
agente (m) de seguros	forsikringsagent (m)	[fɔ'ʂikriŋs a'gɛnt]

87. Los trabajos de servicio

| cocinero (m) | kokk (m) | ['kʊk] |
| jefe (m) de cocina | sjefkokk (m) | ['ʂɛf‚kʊk] |

panadero (m)	baker (m)	['bɑkər]
barman (m)	bartender (m)	['bɑːˌtɛndər]
camarero (m)	servitør (m)	['særvi'tør]
camarera (f)	servitrise (m/f)	[særvi'trisə]

abogado (m)	advokat (m)	[ɑdvu'kɑt]
jurista (m)	jurist (m)	[jʉ'rist]
notario (m)	notar (m)	[nu'tɑr]

electricista (m)	elektriker (m)	[ɛ'lektrikər]
fontanero (m)	rørlegger (m)	['rørˌleger]
carpintero (m)	tømmermann (m)	['tœmərˌmɑn]

masajista (m)	massør (m)	[mɑ'sør]
masajista (f)	massøse (m)	[mɑ'søsə]
médico (m)	lege (m)	['legə]

taxista (m)	taxisjåfør (m)	['tɑksi ʂɔ'før]
chofer (m)	sjåfør (m)	[ʂɔ'før]
repartidor (m)	bud (n)	['bʉd]

camarera (f)	stuepike (m/f)	['stʉeˌpikə]
guardia (m) de seguridad	sikkerhetsvakt (m/f)	['sikərhɛtsˌvɑkt]
azafata (f)	flyvertinne (m/f)	[flyvɛ'ˌʈinə]

profesor (m) (~ de baile, etc.)	lærer (m)	['lærər]
bibliotecario (m)	bibliotekar (m)	[bibliʉ'tekɑr]
traductor (m)	oversetter (m)	['ɔvəˌsɛtər]
intérprete (m)	tolk (m)	['tɔlk]
guía (m)	guide (m)	['gɑjd]

peluquero (m)	frisør (m)	[fri'sør]
cartero (m)	postbud (n)	['pɔstˌbʉd]
vendedor (m)	forselger (m)	[fɔ'sɛlər]

jardinero (m)	gartner (m)	['gɑːʈnər]
servidor (m)	tjener (m)	['tjenər]
criada (f)	tjenestepike (m/f)	['tjenɛstəˌpikə]
mujer (f) de la limpieza	vaskedame (m/f)	['vɑskəˌdɑmə]

88. La profesión militar y los rangos

soldado (m) raso	menig (m)	['meni]
sargento (m)	sersjant (m)	[sær'ʂɑnt]
teniente (m)	løytnant (m)	['løjtˌnɑnt]
capitán (m)	kaptein (m)	[kɑp'tæjn]

mayor (m)	major (m)	[mɑ'jɔr]
coronel (m)	oberst (m)	['ʊbɛʂt]
general (m)	general (m)	[gene'rɑl]
mariscal (m)	marskalk (m)	['mɑrʂɑl]
almirante (m)	admiral (m)	[ɑdmi'rɑl]
militar (m)	militær (m)	[mili'tær]
soldado (m)	soldat (m)	[sʊl'dɑt]

oficial (m)	offiser (m)	[ɔfi'sɛr]
comandante (m)	befalshaver (m)	[be'fals,havər]

guardafronteras (m)	grensevakt (m/f)	['grɛnsə,vakt]
radio-operador (m)	radiooperatør (m)	['radiʊ ʊpəra'tør]
explorador (m)	oppklaringssoldat (m)	['ɔp,klariŋ sʊl'dat]
zapador (m)	pioner (m)	[piʊ'ner]
tirador (m)	skytter (m)	['ʂytər]
navegador (m)	styrmann (m)	['styr,man]

89. Los oficiales. Los sacerdotes

rey (m)	konge (m)	['kʊŋə]
reina (f)	dronning (m/f)	['drɔniŋ]

príncipe (m)	prins (m)	['prins]
princesa (f)	prinsesse (m/f)	[prin'sɛsə]

zar (m)	tsar (m)	['tsar]
zarina (f)	tsarina (m)	[tsa'rina]

presidente (m)	president (m)	[prɛsi'dɛnt]
ministro (m)	minister (m)	[mi'nistər]
primer ministro (m)	statsminister (m)	['stats mi'nistər]
senador (m)	senator (m)	[se'natʊr]

diplomático (m)	diplomat (m)	[diplʊ'mat]
cónsul (m)	konsul (m)	['kʊn,sʉl]
embajador (m)	ambassadør (m)	[ambasa'dør]
consejero (m)	rådgiver (m)	['rɔd,jivər]

funcionario (m)	embetsmann (m)	['ɛmbets,man]
prefecto (m)	prefekt (m)	[prɛ'fɛkt]
alcalde (m)	borgermester (m)	[bɔrgər'mɛstər]

juez (m)	dommer (m)	['dɔmər]
fiscal (m)	anklager (m)	['an,klagər]

misionero (m)	misjonær (m)	[miʂʊ'nær]
monje (m)	munk (m)	['mʉnk]
abad (m)	abbed (m)	['abed]
rabino (m)	rabbiner (m)	[ra'binər]

visir (m)	vesir (m)	[vɛ'sir]
sha (m)	sjah (m)	['ʂa]
jeque (m)	sjeik (m)	['ʂæjk]

90. Las profesiones agrícolas

apicultor (m)	birøkter (m)	['bi,røktər]
pastor (m)	gjeter, hyrde (m)	['jetər], ['hʏrdə]
agrónomo (m)	agronom (m)	[agrʊ'nʊm]

| ganadero (m) | husdyrholder (m) | ['hʉsdyrˌhɔldər] |
| veterinario (m) | dyrlege, veterinær (m) | ['dyrˌlegə], [vetəri'nær] |

granjero (m)	gårdbruker, bonde (m)	['gɔːrˌbrʉkər], ['bɔnə]
vinicultor (m)	vinmaker (m)	['vinˌmakər]
zoólogo (m)	zoolog (m)	[sʉː'lɔg]
vaquero (m)	cowboy (m)	['kawˌbɔj]

91. Las profesiones artísticas

| actor (m) | skuespiller (m) | ['skʉəˌspilər] |
| actriz (f) | skuespillerinne (m/f) | ['skʉəˌspilə'rinə] |

| cantante (m) | sanger (m) | ['saŋər] |
| cantante (f) | sangerinne (m/f) | [saŋə'rinə] |

| bailarín (m) | danser (m) | ['dansər] |
| bailarina (f) | danserinne (m/f) | [danse'rinə] |

| artista (m) | skuespiller (m) | ['skʉəˌspilər] |
| artista (f) | skuespillerinne (m/f) | ['skʉəˌspilə'rinə] |

músico (m)	musiker (m)	['mʉsikər]
pianista (m)	pianist (m)	[pia'nist]
guitarrista (m)	gitarspiller (m)	[gi'tarˌspilər]

director (m) de orquesta	dirigent (m)	[diri'gɛnt]
compositor (m)	komponist (m)	[kʉmpʉ'nist]
empresario (m)	impresario (m)	[impre'sariʉ]

director (m) de cine	regissør (m)	[rɛʂi'sør]
productor (m)	produsent (m)	[prʉdʉ'sɛnt]
guionista (m)	manusforfatter (m)	['manʉs for'fatər]
crítico (m)	kritiker (m)	['kritikər]

escritor (m)	forfatter (m)	[for'fatər]
poeta (m)	poet, dikter (m)	['pɔɛt], ['diktər]
escultor (m)	skulptør (m)	[skʉlp'tør]
pintor (m)	kunstner (m)	['kʉnstnər]

malabarista (m)	sjonglør (m)	[ʂɔŋ'lør]
payaso (m)	klovn (m)	['klɔvn]
acróbata (m)	akrobat (m)	[akrʉ'bat]
ilusionista (m)	tryllekunstner (m)	['trylə kʉnstnər]

92. Profesiones diversas

médico (m)	lege (m)	['legə]
enfermera (f)	sykepleierske (m/f)	['sykəˌplæjeʂkə]
psiquiatra (m)	psykiater (m)	[syki'atər]
dentista (m)	tannlege (m)	['tanˌlegə]
cirujano (m)	kirurg (m)	[çi'rʉrg]

astronauta (m)	**astronaut** (m)	[astrʊ'naʊt]
astrónomo (m)	**astronom** (m)	[astrʊ'nʊm]

conductor (m) (chófer)	**fører** (m)	['fører]
maquinista (m)	**lokfører** (m)	['lʊk‚fører]
mecánico (m)	**mekaniker** (m)	[me'kanikər]

minero (m)	**gruvearbeider** (m)	['grʉvə'ar‚bæjdər]
obrero (m)	**arbeider** (m)	['ar‚bæjdər]
cerrajero (m)	**låsesmed** (m)	['lo:sə‚sme]
carpintero (m)	**snekker** (m)	['snɛkər]
tornero (m)	**dreier** (m)	['dræjər]
albañil (m)	**bygningsarbeider** (m)	['bʏgniŋs 'ar‚bæjər]
soldador (m)	**sveiser** (m)	['svæjsər]

profesor (m) (título)	**professor** (m)	[prʊ'fɛsʊr]
arquitecto (m)	**arkitekt** (m)	[arki'tɛkt]
historiador (m)	**historiker** (m)	[hi'stʊrikər]
científico (m)	**vitenskapsmann** (m)	['vitən‚skaps man]
físico (m)	**fysiker** (m)	['fysikər]
químico (m)	**kjemiker** (m)	['çemikər]

arqueólogo (m)	**arkeolog** (m)	[‚arkeʊ'lɔg]
geólogo (m)	**geolog** (m)	[geʊ'lɔg]
investigador (m)	**forsker** (m)	['fɔʂkər]

niñera (f)	**babysitter** (m)	['bɛby‚sitər]
pedagogo (m)	**lærer, pedagog** (m)	[lærər], [peda'gɔg]

redactor (m)	**redaktør** (m)	[rɛdak'tør]
redactor jefe (m)	**sjefredaktør** (m)	['ʂɛf rɛdak'tør]
corresponsal (m)	**korrespondent** (m)	[kʊrespɔn'dɛnt]
mecanógrafa (f)	**maskinskriverske** (m)	[ma'ʂin ‚skrivɛʂkə]

diseñador (m)	**designer** (m)	[de'sajnər]
especialista (m) en ordenadores	**dataekspert** (m)	['data ɛks'pɛ:t]
programador (m)	**programmerer** (m)	[prʊgra'merər]
ingeniero (m)	**ingeniør** (m)	[inʂə'njør]

marino (m)	**sjømann** (m)	['ʂø‚man]
marinero (m)	**matros** (m)	[ma'trʊs]
socorrista (m)	**redningsmann** (m)	['rɛdniŋs‚man]

bombero (m)	**brannmann** (m)	['bran‚man]
policía (m)	**politi** (m)	[pʊli'ti]
vigilante (m) nocturno	**nattvakt** (m)	['nat‚vakt]
detective (m)	**detektiv** (m)	[detɛk'tiv]

aduanero (m)	**tollbetjent** (m)	['tɔlbe‚tjɛnt]
guardaespaldas (m)	**livvakt** (m/f)	['liv‚vakt]
guardia (m) de prisiones	**fangevokter** (m)	['faŋə‚vɔktər]
inspector (m)	**inspektør** (m)	[inspɛk'tør]

deportista (m)	**idrettsmann** (m)	['idrɛts‚man]
entrenador (m)	**trener** (m)	['trenər]

carnicero (m)	slakter (m)	['şlaktər]
zapatero (m)	skomaker (m)	['skʊˌmakər]
comerciante (m)	handelsmann (m)	['handəlsˌman]
cargador (m)	lastearbeider (m)	['lastəˈarˌbæjdər]

| diseñador (m) de modas | moteskaper (m) | ['mʊtəˌskapər] |
| modelo (f) | modell (m) | [mʊˈdɛl] |

93. Los trabajos. El estatus social

| escolar (m) | skolegutt (m) | ['skʊləˌgʉt] |
| estudiante (m) | student (m) | [stʉˈdɛnt] |

filósofo (m)	filosof (m)	[fɪluˈsʊf]
economista (m)	økonom (m)	[økʊˈnʊm]
inventor (m)	oppfinner (m)	['ɔpˌfinər]

desempleado (m)	arbeidsløs (m)	['arbæjdsˌløs]
jubilado (m)	pensjonist (m)	[panşʊˈnist]
espía (m)	spion (m)	[spiˈun]

prisionero (m)	fange (m)	['faŋə]
huelguista (m)	streiker (m)	['stræjkər]
burócrata (m)	byråkrat (m)	[byrɔˈkrat]
viajero (m)	reisende (m)	['ræjsenə]

homosexual (m)	homofil (m)	['hʊmʊˌfil]
hacker (m)	hacker (m)	['hakər]
hippie (m)	hippie (m)	['hipi]

bandido (m)	banditt (m)	[banˈdit]
sicario (m)	leiemorder (m)	['læjəˌmʊrdər]
drogadicto (m)	narkoman (m)	[narkʊˈman]
narcotraficante (m)	narkolanger (m)	['narkɔˌlaŋər]
prostituta (f)	prostituert (m)	[prʊstitʉˈeːt]
chulo (m), proxeneta (m)	hallik (m)	['halik]

brujo (m)	trollmann (m)	['trɔlˌman]
bruja (f)	trollkjerring (m/f)	['trɔlˌçærin]
pirata (m)	pirat, sjørøver (m)	['piˈrat], ['şøˌrøvər]
esclavo (m)	slave (m)	['slavə]
samurai (m)	samurai (m)	[samʉˈraj]
salvaje (m)	villmann (m)	['vilˌman]

La educación

escuela (f)	**skole** (m/f)	['skʊlə]
director (m) de escuela	**rektor** (m)	['rektʊr]
alumno (m)	**elev** (m)	[e'lev]
alumna (f)	**elev** (m)	[e'lev]
escolar (m)	**skolegutt** (m)	['skʊlə͵gʊt]
escolar (f)	**skolepike** (m)	['skʊlə͵pikə]
enseñar (vt)	**å undervise**	[ɔ 'ʉnər͵visə]
aprender (ingles, etc.)	**å lære**	[ɔ 'lærə]
aprender de memoria	**å lære utenat**	[ɔ 'lærə 'ʉtənat]
aprender (a leer, etc.)	**å lære**	[ɔ 'lærə]
estar en la escuela	**å gå på skolen**	[ɔ 'gɔ pɔ 'skʊlən]
ir a la escuela	**å gå på skolen**	[ɔ 'gɔ pɔ 'skʊlən]
alfabeto (m)	**alfabet** (n)	[alfa'bet]
materia (f)	**fag** (n)	['fag]
aula (f)	**klasserom** (m/f)	['klasə͵rʊm]
lección (f)	**time** (m)	['timə]
recreo (m)	**frikvarter** (n)	['frikvɑ:͵ʈər]
campana (f)	**skoleklokke** (m/f)	['skʊlə͵klɔkə]
pupitre (m)	**skolepult** (m)	['skʊlə͵pʉlt]
pizarra (f)	**tavle** (m/f)	['tavlə]
nota (f)	**karakter** (m)	[karak'ter]
buena nota (f)	**god karakter** (m)	['gʊ karak'ter]
mala nota (f)	**dårlig karakter** (m)	['do:ɽi karak'ter]
poner una nota	**å gi en karakter**	[ɔ 'ji en karak'ter]
falta (f)	**feil** (m)	['fæjl]
hacer faltas	**å gjøre feil**	[ɔ 'jørə ͵fæjl]
corregir (un error)	**å rette**	[ɔ 'rɛtə]
chuleta (f)	**fuskelapp** (m)	['fʉskə͵lap]
deberes (m pl) de casa	**lekser** (m/f pl)	['leksər]
ejercicio (m)	**øvelse** (m)	['øvəlsə]
estar presente	**å være til stede**	[ɔ 'værə til 'stedə]
estar ausente	**å være fraværende**	[ɔ 'værə 'fra͵værənə]
faltar a las clases	**å skulke skolen**	[ɔ 'skʉlkə 'skʊlən]
castigar (vt)	**å straffe**	[ɔ 'strafə]
castigo (m)	**straff, avstraffelse** (m)	['straf], ['af͵strafəlsə]
conducta (f)	**oppførsel** (m)	['ɔp͵fœʂəl]

libreta (f) de notas	karakterbok (m/f)	[karak'ter‚buk]
lápiz (m)	blyant (m)	['bly‚ant]
goma (f) de borrar	viskelær (n)	['viskə‚lær]
tiza (f)	kritt (n)	['krit]
cartuchera (f)	pennal (n)	[pɛ'nal]

mochila (f)	skoleveske (m/f)	['skʉlə‚vɛskə]
bolígrafo (m)	penn (m)	['pɛn]
cuaderno (m)	skrivebok (m/f)	['skrivə‚buk]
manual (m)	lærebok (m/f)	['lærə‚buk]
compás (m)	passer (m)	['pasər]

trazar (vi, vt)	å tegne	[ɔ 'tæjnə]
dibujo (m) técnico	teknisk tegning (m/f)	['tɛknisk ‚tæjniŋ]

poema (m), poesía (f)	dikt (n)	['dikt]
de memoria (adv)	utenat	['ʉtən‚at]
aprender de memoria	å lære utenat	[ɔ 'lærə 'ʉtənat]

vacaciones (f pl)	skoleferie (m)	['skʉlə‚fɛriə]
estar de vacaciones	å være på ferie	[ɔ 'værə pɔ 'fɛriə]
pasar las vacaciones	å tilbringe ferien	[ɔ 'til‚briŋə 'fɛriən]

prueba (f) escrita	prøve (m/f)	['prøvə]
composición (f)	essay (n)	[ɛ'sɛj]
dictado (m)	diktat (m)	[dik'tat]
examen (m)	eksamen (m)	[ɛk'samən]
hacer un examen	å ta eksamen	[ɔ 'ta ɛk'samən]
experimento (m)	forsøk (n)	['fo'şøk]

95. Los institutos. La Universidad

academia (f)	akademi (n)	[akade'mi]
universidad (f)	universitet (n)	[ʉnivæşi'tet]
facultad (f)	fakultet (n)	[fakʉl'tet]

estudiante (m)	student (m)	[stʉ'dɛnt]
estudiante (f)	kvinnelig student (m)	['kvinəli stʉ'dɛnt]
profesor (m)	lærer, foreleser (m)	['lærər], ['fʉrə‚lesər]

aula (f)	auditorium (n)	[‚aʉdi'tʉrium]
graduado (m)	alumn (m)	[a'lʉmn]

diploma (m)	diplom (n)	[di'plʉm]
tesis (f) de grado	avhandling (m/f)	['av‚handliŋ]

estudio (m)	studie (m)	['stʉdiə]
laboratorio (m)	laboratorium (n)	[labʉra'tɔrium]

clase (f)	forelesning (m)	['fɔrə‚lesniŋ]
compañero (m) de curso	studiekamerat (m)	['stʉdiə kame‚rat]

beca (f)	stipendium (n)	[sti'pɛndium]
grado (m) académico	akademisk grad (m)	[aka'demisk ‚grad]

96. Las ciencias. Las disciplinas

matemáticas (f pl)	matematikk (m)	[matəma'tik]
álgebra (f)	algebra (m)	['algə,bra]
geometría (f)	geometri (m)	[geʉme'tri]
astronomía (f)	astronomi (m)	[astrʊnʊ'mi]
biología (f)	biologi (m)	[biʉlʉ'gi]
geografía (f)	geografi (m)	[geʉgra'fi]
geología (f)	geologi (m)	[geʉlʉ'gi]
historia (f)	historie (m/f)	[hi'stʉriə]
medicina (f)	medisin (m)	[medi'sin]
pedagogía (f)	pedagogikk (m)	[pedagʉ'gik]
derecho (m)	rett (m)	['rɛt]
física (f)	fysikk (m)	[fy'sik]
química (f)	kjemi (m)	[çe'mi]
filosofía (f)	filosofi (m)	[filʉsʉ'fi]
psicología (f)	psykologi (m)	[sikʉlʉ'gi]

97. Los sistemas de escritura. La ortografía

gramática (f)	grammatikk (m)	[grama'tik]
vocabulario (m)	ordforråd (n)	['u:rfʉ,rɔd]
fonética (f)	fonetikk (m)	[fʉne'tik]
sustantivo (m)	substantiv (n)	['sʉbstan,tiv]
adjetivo (m)	adjektiv (n)	['adjɛk,tiv]
verbo (m)	verb (n)	['værb]
adverbio (m)	adverb (n)	[ad'væ:b]
pronombre (m)	pronomen (n)	[prʉ'nʊmən]
interjección (f)	interjeksjon (m)	[interjɛk'ʂʊn]
preposición (f)	preposisjon (m)	[prɛpʊsi'ʂʊn]
raíz (f), radical (m)	rot (m/f)	['rʊt]
desinencia (f)	endelse (m)	['ɛnəlsə]
prefijo (m)	prefiks (n)	[prɛ'fiks]
sílaba (f)	stavelse (m)	['stavəlsə]
sufijo (m)	suffiks (n)	[sʉ'fiks]
acento (m)	betoning (m), trykk (n)	['be'tɔniŋ], ['trʏk]
apóstrofo (m)	apostrof (m)	[apʉ'strɔf]
punto (m)	punktum (n)	['pʉnktum]
coma (m)	komma (n)	['kɔma]
punto y coma	semikolon (n)	[,semikʉ'lɔn]
dos puntos (m pl)	kolon (n)	['kʉlɔn]
puntos (m pl) suspensivos	tre prikker (m pl)	['tre 'prikər]
signo (m) de interrogación	spørsmålstegn (n)	['spɔɛʂmols,tæjn]
signo (m) de admiración	utropstegn (n)	['ʉtrʊps,tæjn]

comillas (f pl)	anførselstegn (n pl)	[anˈfœʂɛlsˌtejn]
entre comillas	i anførselstegn	[i anˈfœʂɛlsˌtejn]
paréntesis (m)	parentes (m)	[parɛnˈtes]
entre paréntesis	i parentes	[i parɛnˈtes]

guión (m)	bindestrek (m)	[ˈbinəˌstrek]
raya (f)	tankestrek (m)	[ˈtankəˌstrek]
blanco (m)	mellomrom (n)	[ˈmɛlɔmˌrʊm]

| letra (f) | bokstav (m) | [ˈbʊkstav] |
| letra (f) mayúscula | stor bokstav (m) | [ˈstʉr ˈbʊkstav] |

| vocal (f) | vokal (m) | [vʊˈkal] |
| consonante (m) | konsonant (m) | [kʊnsʊˈnant] |

oración (f)	setning (m)	[ˈsɛtniŋ]
sujeto (m)	subjekt (n)	[sʉbˈjɛkt]
predicado (m)	predikat (n)	[prɛdiˈkat]

línea (f)	linje (m)	[ˈlinjə]
en una nueva línea	på ny linje	[pɔ ny ˈlinjə]
párrafo (m)	avsnitt (n)	[ˈafˌsnit]

palabra (f)	ord (n)	[ˈuːr]
combinación (f) de palabras	ordgruppe (m/f)	[ˈuːrˌgrʉpə]
expresión (f)	uttrykk (n)	[ˈʉtˌtrʏk]
sinónimo (m)	synonym (n)	[synʊˈnym]
antónimo (m)	antonym (n)	[antʉˈnym]

regla (f)	regel (m)	[ˈrɛgəl]
excepción (f)	unntak (n)	[ˈʉnˌtak]
correcto (adj)	riktig	[ˈrikti]

conjugación (f)	bøyning (m/f)	[ˈbøjniŋ]
declinación (f)	bøyning (m/f)	[ˈbøjniŋ]
caso (m)	kasus (m)	[ˈkasʉs]
pregunta (f)	spørsmål (n)	[ˈspœʂˌmol]
subrayar (vt)	å understreke	[ɔ ˈʉnəˌstrekə]
línea (f) de puntos	prikket linje (m)	[ˈprikət ˈlinjə]

98. Los idiomas extranjeros

lengua (f)	språk (n)	[ˈsprɔk]
extranjero (adj)	fremmed-	[ˈfremə-]
lengua (f) extranjera	fremmedspråk (n)	[ˈfremedˌsprɔk]
estudiar (vt)	å studere	[ɔ stuˈderə]
aprender (ingles, etc.)	å lære	[ɔ ˈlærə]

leer (vi, vt)	å lese	[ɔ ˈlesə]
hablar (vi, vt)	å tale	[ɔ ˈtalə]
comprender (vt)	å forstå	[ɔ fɔˈʂtɔ]
escribir (vt)	å skrive	[ɔ ˈskrivə]
rápidamente (adv)	fort	[ˈfʊːt]
lentamente (adv)	langsomt	[ˈlaŋsɔmt]

con fluidez (adv)	**flytende**	['flytnə]
reglas (f pl)	**regler** (m pl)	['rɛglər]
gramática (f)	**grammatikk** (m)	[grɑmɑ'tik]
vocabulario (m)	**ordforråd** (n)	['uːrfʊˌrɔd]
fonética (f)	**fonetikk** (m)	[fʊne'tik]

manual (m)	**lærebok** (m/f)	['læɾəˌbʊk]
diccionario (m)	**ordbok** (m/f)	['uːrˌbʊk]
manual (m) autodidáctico	**lærebok** (m/f) **for selvstudium**	['læɾəˌbʊk fɔ 'selˌstʉdium]
guía (f) de conversación	**parlør** (m)	[pɑː'lør]

casete (m)	**kassett** (m)	[kɑ'sɛt]
videocasete (f)	**videokassett** (m)	['videʊ kɑ'sɛt]
disco compacto, CD (m)	**CD-rom** (m)	['sɛdɛˌrʊm]
DVD (m)	**DVD** (m)	[deve'de]

alfabeto (m)	**alfabet** (n)	[ɑlfɑ'bet]
deletrear (vt)	**å stave**	[ɔ 'stɑvə]
pronunciación (f)	**uttale** (m)	['ʉtˌtɑlə]

acento (m)	**aksent** (m)	[ɑk'sɑŋ]
con acento	**med aksent**	[me ɑk'sɑŋ]
sin acento	**uten aksent**	['ʉtən ɑk'sɑŋ]

palabra (f)	**ord** (n)	['uːr]
significado (m)	**betydning** (m)	[be'tʏdniŋ]

cursos (m pl)	**kurs** (n)	['kʉʂ]
inscribirse (vr)	**å anmelde seg**	[ɔ 'ɑnˌmɛlə sæj]
profesor (m) (~ de inglés)	**lærer** (m)	['læɾər]

traducción (f) (proceso)	**oversettelse** (m)	['ɔvəˌsɛtəlsə]
traducción (f) (texto)	**oversettelse** (m)	['ɔvəˌsɛtəlsə]
traductor (m)	**oversetter** (m)	['ɔvəˌsɛtər]
intérprete (m)	**tolk** (m)	['tɔlk]

políglota (m)	**polyglott** (m)	[pʊlʏ'glɔt]
memoria (f)	**minne** (n), **hukommelse** (m)	['minə], [hʉ'kɔməlsə]

El descanso. El entretenimiento. El viaje

99. Las vacaciones. El viaje

turismo (m)	turisme (m)	[tʉ'rismə]
turista (m)	turist (m)	[tʉ'rist]
viaje (m)	reise (m/f)	['ræjsə]
aventura (f)	eventyr (n)	['ɛvənˌtyr]
viaje (m) (p.ej. ~ en coche)	tripp (m)	['trip]
vacaciones (f pl)	ferie (m)	['fɛriə]
estar de vacaciones	å være på ferie	[ɔ 'værə pɔ 'fɛriə]
descanso (m)	hvile (m/f)	['vilə]
tren (m)	tog (n)	['tɔg]
en tren	med tog	[me 'tɔg]
avión (m)	fly (n)	['fly]
en avión	med fly	[me 'fly]
en coche	med bil	[me 'bil]
en barco	med skip	[me 'ʂip]
equipaje (m)	bagasje (m)	[ba'gaʂə]
maleta (f)	koffert (m)	['kʉfɛːt]
carrito (m) de equipaje	bagasjetralle (m/f)	[ba'gaʂeˌtralə]
pasaporte (m)	pass (n)	['pas]
visado (m)	visum (n)	['visʉm]
billete (m)	billett (m)	[bi'let]
billete (m) de avión	flybillett (m)	['fly bi'let]
guía (f) (libro)	reisehåndbok (m/f)	['ræjseˌhɔnbʉk]
mapa (m)	kart (n)	['kaːt]
área (f) (~ rural)	område (n)	['ɔmˌroːdə]
lugar (m)	sted (n)	['sted]
exótico (adj)	eksotisk	[ɛk'sʉtisk]
asombroso (adj)	forunderlig	[fɔ'rʉndeːli]
grupo (m)	gruppe (m)	['grʉpə]
excursión (f)	utflukt (m/f)	['ʉtˌflʉkt]
guía (m) (persona)	guide (m)	['gajd]

100. El hotel

hotel (m)	hotell (n)	[hʉ'tɛl]
motel (m)	motell (n)	[mʉ'tɛl]
de tres estrellas	trestjernet	['treˌstjæːnə]
de cinco estrellas	femstjernet	['fɛmˌstjæːnə]

hospedarse (vr)	**å bo**	[ɔ 'bʊ]
habitación (f)	**rom** (n)	['rʊm]
habitación (f) individual	**enkeltrom** (n)	['ɛnkelt͵rʊm]
habitación (f) doble	**dobbeltrom** (n)	['dɔbəlt͵rʊm]
reservar una habitación	**å reservere rom**	[ɔ resɛr'vere 'rʊm]

media pensión (f)	**halvpensjon** (m)	['hal panˌʂʊn]
pensión (f) completa	**fullpensjon** (m)	['fʉl panˌʂʊn]

con baño	**med badekar**	[me 'badəˌkar]
con ducha	**med dusj**	[me 'dʉʂ]
televisión (f) satélite	**satellitt-TV** (m)	[satɛ'lit 'tɛvɛ]
climatizador (m)	**klimaanlegg** (n)	['klima'anˌleg]
toalla (f)	**håndkle** (n)	['hɔnˌkle]
llave (f)	**nøkkel** (m)	['nøkəl]

administrador (m)	**administrator** (m)	[admini'stra:tʊr]
camarera (f)	**stuepike** (m/f)	['stʉəˌpikə]
maletero (m)	**pikkolo** (m)	['pikɔlɔ]
portero (m)	**portier** (m)	[pɔ:'tje]

restaurante (m)	**restaurant** (m)	[rɛstʊ'raŋ]
bar (m)	**bar** (m)	['bar]
desayuno (m)	**frokost** (m)	['frʊkɔst]
cena (f)	**middag** (m)	['miˌda]
buffet (m) libre	**buffet** (m)	[bʉ'fɛ]

vestíbulo (m)	**hall, lobby** (m)	['hal], ['lɔbi]
ascensor (m)	**heis** (m)	['hæjs]

NO MOLESTAR	**VENNLIGST IKKE FORSTYRR!**	['vɛnligt ikə fo'ʂtyr]
PROHIBIDO FUMAR	**RØYKING FORBUDT**	['røjkiŋ for'bʉt]

EL EQUIPO TÉCNICO. EL TRANSPORTE

El equipo técnico

101. El computador

ordenador (m)	**datamaskin** (m)	['dɑtɑ mɑˌ ʂin]
ordenador (m) portátil	**bærbar, laptop** (m)	['bærˌbɑr], ['lɑptɔp]
encender (vt)	**å slå på**	[ɔ 'ʂlɔ pɔ]
apagar (vt)	**å slå av**	[ɔ 'ʂlɔ ɑː]
teclado (m)	**tastatur** (n)	[tɑstɑ'tʉr]
tecla (f)	**tast** (m)	['tɑst]
ratón (m)	**mus** (m/f)	['mʉs]
alfombrilla (f) para ratón	**musematte** (m/f)	['mʉsəˌmɑtə]
botón (m)	**knapp** (m)	['knɑp]
cursor (m)	**markør** (m)	[mɑr'kør]
monitor (m)	**monitor** (m)	['mɔnitɔr]
pantalla (f)	**skjerm** (m)	['ʂærm]
disco (m) duro	**harddisk** (m)	['hɑrˌdisk]
volumen (m) de disco duro	**harddiskkapasitet** (m)	['hɑrˌdisk kɑpɑsi'tet]
memoria (f)	**minne** (n)	['minə]
memoria (f) operativa	**hovedminne** (n)	['hɔvədˌminə]
archivo, fichero (m)	**fil** (m)	['fil]
carpeta (f)	**mappe** (m/f)	['mɑpə]
abrir (vt)	**å åpne**	[ɔ 'ɔpnə]
cerrar (vt)	**å lukke**	[ɔ 'lʉkə]
guardar (un archivo)	**å lagre**	[ɔ 'lɑgrə]
borrar (vt)	**å slette, å fjerne**	[ɔ 'ʂletə], [ɔ 'fjæːɳə]
copiar (vt)	**å kopiere**	[ɔ kʉ'pjerə]
ordenar (vt) (~ de A a Z, etc.)	**å sortere**	[ɔ sɔː'terə]
transferir (vt)	**å overføre**	[ɔ 'ɔvərˌførə]
programa (m)	**program** (n)	[prʉ'grɑm]
software (m)	**programvare** (m/f)	[prʉ'grɑmˌvɑrə]
programador (m)	**programmerer** (m)	[prʉgrɑ'merər]
programar (vt)	**å programmere**	[ɔ prʉgrɑ'merə]
hacker (m)	**hacker** (m)	['hakər]
contraseña (f)	**passord** (n)	['pɑsˌuːr]
virus (m)	**virus** (m)	['virʉs]
detectar (vt)	**å oppdage**	[ɔ 'ɔpˌdɑgə]
octeto, byte (m)	**byte** (m)	['bɑjt]

megaocteto (m)	**megabyte** (m)	['megaˌbɑjt]
datos (m pl)	**data** (m pl)	['dɑtɑ]
base (f) de datos	**database** (m)	['dɑtɑˌbɑsə]

cable (m)	**kabel** (m)	['kɑbəl]
desconectar (vt)	**å koble fra**	[ɔ 'kɔblə frɑ]
conectar (vt)	**å koble**	[ɔ 'kɔblə]

102. El internet. El correo electrónico

internet (m), **red** (f)	**Internett**	['intəˌnɛt]
navegador (m)	**nettleser** (m)	['nɛtˌlesər]
buscador (m)	**søkemotor** (m)	['søkəˌmɔtʊr]
proveedor (m)	**leverandør** (m)	[levərɑn'dør]

webmaster (m)	**webmaster** (m)	['vɛbˌmɑstər]
sitio (m) web	**webside, hjemmeside** (m/f)	['vɛbˌsidə], ['jɛməˌsidə]
página (f) web	**nettside** (m)	['nɛtˌsidə]

dirección (f)	**adresse** (m)	[ɑ'drɛsə]
libro (m) de direcciones	**adressebok** (f)	[ɑ'drɛsəˌbʊk]

buzón (m)	**postkasse** (m/f)	['pɔstˌkɑsə]
correo (m)	**post** (m)	['pɔst]
lleno (adj)	**full**	['fʉl]

mensaje (m)	**melding** (m/f)	['mɛliŋ]
correo (m) entrante	**innkommende meldinger**	['inˌkɔmənə 'mɛliŋər]
correo (m) saliente	**utgående meldinger**	['ʉtˌgɔənə 'mɛliŋər]
expedidor (m)	**avsender** (m)	['ɑfˌsɛnər]
enviar (vt)	**å sende**	[ɔ 'sɛnə]
envío (m)	**avsending** (m)	['ɑfˌsɛniŋ]
destinatario (m)	**mottaker** (m)	['mɔtˌtɑkər]
recibir (vt)	**å motta**	[ɔ 'mɔtɑ]

correspondencia (f)	**korrespondanse** (m)	[kʊrespɔn'dɑnsə]
escribirse con ...	**å brevveksle**	[ɔ 'brɛvˌvɛkslə]

archivo, fichero (m)	**fil** (m)	['fil]
descargar (vt)	**å laste ned**	[ɔ 'lɑstə 'ne]
crear (vt)	**å opprette**	[ɔ 'ɔpˌrɛtə]
borrar (vt)	**å slette, å fjerne**	[ɔ 'ʂletə], [ɔ 'fjæːŋə]
borrado (adj)	**slettet**	['ʂletət]

conexión (f) (ADSL, etc.)	**forbindelse** (m)	[fɔr'binəlsə]
velocidad (f)	**hastighet** (m/f)	['hɑstiˌhet]
módem (m)	**modem** (n)	['mʊ'dɛm]
acceso (m)	**tilgang** (m)	['tilˌgɑŋ]
puerto (m)	**port** (m)	['pɔːt]

conexión (f) (establecer la ~)	**tilkobling** (m/f)	['tilˌkɔbliŋ]
conectarse a ...	**å koble**	[ɔ 'kɔblə]
seleccionar (vt)	**å velge**	[ɔ 'vɛlgə]
buscar (vt)	**å søke etter ...**	[ɔ 'søkə ˌɛtər ...]

103. La electricidad

electricidad (f)	elektrisitet (m)	[ɛlektrisi'tet]
eléctrico (adj)	elektrisk	[ɛ'lektrisk]
central (f) eléctrica	kraftverk (n)	['krɑft,værk]
energía (f)	energi (m)	[ɛnær'gi]
energía (f) eléctrica	elkraft (m/f)	['ɛl,krɑft]

bombilla (f)	lyspære (m/f)	['lys,pærə]
linterna (f)	lommelykt (m/f)	['lʊmə,lʏkt]
farola (f)	gatelykt (m/f)	['gɑtə,lʏkt]

luz (f)	lys (n)	['lys]
encender (vt)	å slå på	[ɔ 'ʂlɔ pɔ]
apagar (vt)	å slå av	[ɔ 'ʂlɔ ɑ:]
apagar la luz	å slokke lyset	[ɔ 'ʂløkə 'lysə]

quemarse (vr)	å brenne ut	[ɔ 'brɛnə ʉt]
circuito (m) corto	kortslutning (m)	['kʊː[,slʉtniŋ]
ruptura (f)	kabelbrudd (n)	['kɑbəl,brʉd]
contacto (m)	kontakt (m)	[kʊn'tɑkt]

interruptor (m)	strømbryter (m)	['strøm,brytər]
enchufe (m)	stikkontakt (m)	['stik kʊn,tɑkt]
clavija (f)	støpsel (n)	['støpsəl]
alargador (m)	skjøteledning (m)	['ʂøtə,ledniŋ]

fusible (m)	sikring (m)	['sikriŋ]
cable, hilo (m)	ledning (m)	['ledniŋ]
instalación (f) eléctrica	ledningsnett (n)	['ledniŋs,nɛt]

amperio (m)	ampere (m)	[ɑm'pɛr]
amperaje (m)	strømstyrke (m)	['strøm,styrkə]
voltio (m)	volt (m)	['vɔlt]
voltaje (m)	spenning (m/f)	['spɛniŋ]

| aparato (m) eléctrico | elektrisk apparat (n) | [ɛ'lektrisk ɑpɑ'rɑt] |
| indicador (m) | indikator (m) | [indi'kɑtʊr] |

electricista (m)	elektriker (m)	[ɛ'lektrikər]
soldar (vt)	å lodde	[ɔ 'lodə]
soldador (m)	loddebolt (m)	['lodə,bolt]
corriente (f)	strøm (m)	['strøm]

104. Las herramientas

instrumento (m)	verktøy (n)	['værk,tøj]
instrumentos (m pl)	verktøy (n pl)	['værk,tøj]
maquinaria (f)	utstyr (n)	['ʉt,styr]

martillo (m)	hammer (m)	['hɑmər]
destornillador (m)	skrutrekker (m)	['skrʉ,trɛkər]
hacha (f)	øks (m/f)	['øks]

sierra (f)	sag (m/f)	['sag]
serrar (vt)	å sage	[ɔ 'sagə]
cepillo (m)	høvel (m)	['høvəl]
cepillar (vt)	å høvle	[ɔ 'høvlə]
soldador (m)	loddebolt (m)	['lodə,bolt]
soldar (vt)	å lodde	[ɔ 'lodə]
lima (f)	fil (m/f)	['fil]
tenazas (f pl)	knipetang (m/f)	['knipə,taŋ]
alicates (m pl)	flattang (m/f)	['flat,taŋ]
escoplo (m)	hoggjern, huggjern (n)	['hʊg,jæːn̩]
broca (f)	bor (m/n)	['bʊr]
taladro (m)	boremaskin (m)	['bore ma,sin]
taladrar (vi, vt)	å bore	[ɔ 'borə]
cuchillo (m)	kniv (m)	['kniv]
filo (m)	blad (n)	['bla]
agudo (adj)	skarp	['skarp]
embotado (adj)	sløv	['sløv]
embotarse (vr)	å bli sløv	[ɔ 'bli 'sløv]
afilar (vt)	å skjerpe, å slipe	[ɔ 'ʂɛrpə], [ɔ 'ʂlipə]
perno (m)	bolt (m)	['bolt]
tuerca (f)	mutter (m)	['mʉtər]
filete (m)	gjenge (n)	['jɛŋə]
tornillo (m)	skrue (m)	['skrʉə]
clavo (m)	spiker (m)	['spikər]
cabeza (f) del clavo	spikerhode (n)	['spikər,hʊdə]
regla (f)	linjal (m)	[li'njal]
cinta (f) métrica	målebånd (n)	['moːlə,bon]
nivel (m) de burbuja	vater, vaterpass (n)	['vatər], ['vatər,pas]
lupa (f)	lupe (m/f)	['lʉpə]
aparato (m) de medida	måleinstrument (n)	['moːlə instrʉ'mɛnt]
medir (vt)	å måle	[ɔ 'moːlə]
escala (f) (~ métrica)	skala (m)	['skala]
lectura (f)	avlesninger (m/f pl)	['av,lesniŋər]
compresor (m)	kompressor (m)	[kʊm'presʊr]
microscopio (m)	mikroskop (n)	[mikrʉ'skʊp]
bomba (f) (~ de agua)	pumpe (m/f)	['pʉmpə]
robot (m)	robot (m)	['robot]
láser (m)	laser (m)	['lasər]
llave (f) de tuerca	skrunøkkel (m)	['skrʉ,nøkəl]
cinta (f) adhesiva	pakketeip (m)	['pakə,tɛjp]
cola (f), pegamento (m)	lim (n)	['lim]
papel (m) de lija	sandpapir (n)	['sanpa,pir]
resorte (m)	fjær (m/f)	['fjær]
imán (m)	magnet (m)	[maŋ'net]

guantes (m pl)	**hansker** (m pl)	['hɑnskər]
cuerda (f)	**reip, rep** (n)	['ræjp], ['rɛp]
cordón (m)	**snor** (m/f)	['snʊr]
hilo (m) (~ eléctrico)	**ledning** (m)	['ledniŋ]
cable (m)	**kabel** (m)	['kɑbəl]

almádana (f)	**slegge** (m/f)	['ʂlegə]
barra (f)	**spett, jernspett** (n)	['spɛt], ['jæː n ̩spɛt]
escalera (f) portátil	**stige** (m)	['stiːə]
escalera (f) de tijera	**trappstige** (m/f)	['trɑp ̩stiːə]

atornillar (vt)	**å skru fast**	[ɔ 'skrʉ 'fɑst]
destornillar (vt)	**å skru løs**	[ɔ 'skrʉ ˌløs]
apretar (vt)	**å klemme**	[ɔ 'klemə]
pegar (vt)	**å klistre, å lime**	[ɔ 'klistrə], [ɔ 'limə]
cortar (vt)	**å skjære**	[ɔ 'ʂæːrə]

fallo (m)	**funksjonsfeil** (m)	['fʉnkʂons ̩fæjl]
reparación (f)	**reparasjon** (m)	[repɑrɑ'ʂʊn]
reparar (vt)	**å reparere**	[ɔ repɑ'rerə]
regular, ajustar (vt)	**å justere**	[ɔ jʉ'sterə]

verificar (vt)	**å sjekke**	[ɔ 'ʂɛkə]
control (m)	**kontroll** (m)	[kʊn'trɔl]
lectura (f) (~ del contador)	**avlesninger** (m/f pl)	['ɑv ̩lesniŋər]

fiable (máquina)	**pålitelig**	[pɔ'liteli]
complicado (adj)	**komplisert**	[kʊmpli'sɛːt ̩]

oxidarse (vr)	**å ruste**	[ɔ 'rʉstə]
oxidado (adj)	**rusten, rustet**	['rʉstən], ['rʉstət]
óxido (m)	**rust** (m/f)	['rʉst]

El transporte

avión (m)	fly (n)	['fly]
billete (m) de avión	flybillett (m)	['fly bi'let]
compañía (f) aérea	flyselskap (n)	['flysəl‚skap]
aeropuerto (m)	flyplass (m)	['fly‚plas]
supersónico (adj)	overlyds-	['ɔvə‚lyds-]

comandante (m)	kaptein (m)	[kap'tæjn]
tripulación (f)	besetning (m/f)	[be'sɛtniŋ]
piloto (m)	pilot (m)	[pi'lɔt]
azafata (f)	flyvertinne (m/f)	[flyvɛ:'ţinə]
navegador (m)	styrmann (m)	['styr‚man]

alas (f pl)	vinger (m pl)	['viŋər]
cola (f)	hale (m)	['halə]
cabina (f)	cockpit, førerkabin (m)	['kɔkpit], ['førərka‚bin]
motor (m)	motor (m)	['mɔtʊr]
tren (m) de aterrizaje	landingshjul (n)	['laniŋsjʉl]
turbina (f)	turbin (m)	[tʉr'bin]

hélice (f)	propell (m)	[prʊ'pɛl]
caja (f) negra	svart boks (m)	['sva:ţ boks]
timón (m)	ratt (n)	['rat]
combustible (m)	brensel (n)	['brɛnsəl]

instructivo (m) de seguridad	sikkerhetsbrosjyre (m)	['sikərhɛts‚brɔ'şyrə]
respirador (m) de oxígeno	oksygenmaske (m/f)	['ɔksygən‚maskə]
uniforme (m)	uniform (m)	[ʉni'fɔrm]

chaleco (m) salvavidas	redningsvest (m)	['rɛdniŋs‚vɛst]
paracaídas (m)	fallskjerm (m)	['fal‚şærm]

despegue (m)	start (m)	['sta:ţ]
despegar (vi)	å løfte	[ɔ 'lœftə]
pista (f) de despegue	startbane (m)	['sta:ţ‚banə]

visibilidad (f)	siktbarhet (m)	['siktbar‚het]
vuelo (m)	flyging (m/f)	['flygiŋ]

altura (f)	høyde (m)	['højdə]
pozo (m) de aire	lufthull (n)	['lʉft‚hʉl]

asiento (m)	plass (m)	['plas]
auriculares (m pl)	hodetelefoner (n pl)	['hɔdətelə‚fʊnər]
mesita (f) plegable	klappbord (n)	['klap‚bʊr]
ventana (f)	vindu (n)	['vindʉ]
pasillo (m)	midtgang (m)	['mit‚gaŋ]

106. El tren

tren (m)	tog (n)	['tɔg]
tren (m) de cercanías	lokaltog (n)	[lo'kal‚tɔg]
tren (m) rápido	ekspresstog (n)	[ɛks'prɛs‚tɔg]
locomotora (f) diésel	diesellokomotiv (n)	['disəl lʊkɔmɔ'tiv]
tren (m) de vapor	damplokomotiv (n)	['damp lʊkɔmɔ'tiv]
coche (m)	vogn (m)	['vɔŋn]
coche (m) restaurante	restaurantvogn (m/f)	[rɛstʊ'raŋ‚vɔŋn]
rieles (m pl)	skinner (m/f pl)	['ʂinər]
ferrocarril (m)	jernbane (m)	['jæːɳ‚banə]
traviesa (f)	sville (m/f)	['svilə]
plataforma (f)	perrong, plattform (m/f)	[pɛ'rɔŋ], ['platfɔrm]
vía (f)	spor (n)	['spʊr]
semáforo (m)	semafor (m)	[sema'fʊr]
estación (f)	stasjon (m)	[sta'ʂʊn]
maquinista (m)	lokfører (m)	['lʊk‚førər]
maletero (m)	bærer (m)	['bærər]
mozo (m) del vagón	betjent (m)	['be'tjɛnt]
pasajero (m)	passasjer (m)	[pasa'ʂɛr]
revisor (m)	billett inspektør (m)	[bi'let inspɛk'tør]
corredor (m)	korridor (m)	[kʊri'dɔr]
freno (m) de urgencia	nødbrems (m)	['nød‚brɛms]
compartimiento (m)	kupé (m)	[kʉ'pe]
litera (f)	køye (m/f)	['køjə]
litera (f) de arriba	overkøye (m/f)	['ɔvər‚køjə]
litera (f) de abajo	underkøye (m/f)	['ʉnər‚køjə]
ropa (f) de cama	sengetøy (n)	['sɛŋə‚tøj]
billete (m)	billett (m)	[bi'let]
horario (m)	rutetabell (m)	['rʉtə‚ta'bɛl]
pantalla (f) de información	informasjonstavle (m/f)	[infɔrma'ʂʉns ‚tavlə]
partir (vi)	å avgå	[ɔ 'avgɔ]
partida (f) (del tren)	avgang (m)	['av‚gaŋ]
llegar (tren)	å ankomme	[ɔ 'an‚kɔmə]
llegada (f)	ankomst (m)	['an‚kɔmst]
llegar en tren	å ankomme med toget	[ɔ 'an‚kɔmə me 'tɔge]
tomar el tren	å gå på toget	[ɔ 'gɔ pɔ 'tɔge]
bajar del tren	å gå av toget	[ɔ 'gɔ a: 'tɔge]
descarrilamiento (m)	togulykke (m/n)	['tɔg ʉ'lʏkə]
descarrilarse (vr)	å spore av	[ɔ 'spʊrə a:]
tren (m) de vapor	damplokomotiv (n)	['damp lʊkɔmɔ'tiv]
fogonero (m)	fyrbøter (m)	['fyr‚bøtər]
hogar (m)	fyrrom (n)	['fyr‚rʊm]
carbón (m)	kull (n)	['kʉl]

107. El barco

| barco, buque (m) | skip (n) | ['şip] |
| navío (m) | fartøy (n) | ['fɑːˌtøj] |

buque (m) de vapor	dampskip (n)	['dɑmpˌşip]
motonave (f)	elvebåt (m)	['ɛlvəˌbot]
trasatlántico (m)	cruiseskip (n)	['krʉsˌşip]
crucero (m)	krysser (m)	['krʏsər]

yate (m)	jakt (m/f)	['jɑkt]
remolcador (m)	bukserbåt (m)	[bʉk'serˌbot]
barcaza (f)	lastepram (m)	['lɑstəˌprɑm]
ferry (m)	ferje, ferge (m/f)	['færjə], ['færgə]

| velero (m) | seilbåt (n) | ['sæjlˌbot] |
| bergantín (m) | brigantin (m) | [brigɑn'tin] |

| rompehielos (m) | isbryter (m) | ['isˌbrytər] |
| submarino (m) | ubåt (m) | ['ʉːˌbot] |

bote (m) de remo	båt (m)	['bot]
bote (m)	jolle (m/f)	['jolə]
bote (m) salvavidas	livbåt (m)	['livˌbot]
lancha (f) motora	motorbåt (m)	['motʉrˌbot]

capitán (m)	kaptein (m)	[kɑp'tæjn]
marinero (m)	matros (m)	[mɑ'trʊs]
marino (m)	sjømann (m)	['şøˌmɑn]
tripulación (f)	besetning (m/f)	[be'sɛtniŋ]

contramaestre (m)	båtsmann (m)	['bosˌmɑn]
grumete (m)	skipsgutt, jungmann (m)	['şipsˌgʉt], ['jʉŋˌmɑn]
cocinero (m) de abordo	kokk (m)	['kʊk]
médico (m) del buque	skipslege (m)	['şipsˌlegə]

cubierta (f)	dekk (n)	['dɛk]
mástil (m)	mast (m/f)	['mɑst]
vela (f)	seil (n)	['sæjl]

bodega (f)	lasterom (n)	['lɑstəˌrʊm]
proa (f)	baug (m)	['bæu]
popa (f)	akterende (m)	['ɑktəˌrɛnə]
remo (m)	åre (m)	['oːrə]
hélice (f)	propell (m)	[prʊ'pɛl]

camarote (m)	hytte (m)	['hʏtə]
sala (f) de oficiales	offisersmesse (m/f)	[ofi'sɛrsˌmɛsə]
sala (f) de máquinas	maskinrom (n)	[mɑ'şinˌrʊm]
puente (m) de mando	kommandobro (m/f)	[ko'mɑndʉˌbrʊ]
sala (f) de radio	radiorom (m)	['rɑdiʊˌrʊm]
onda (f)	bølge (m)	['bølgə]
cuaderno (m) de bitácora	loggbok (m/f)	['logˌbʊk]
anteojo (m)	langkikkert (m)	['lɑŋˌkikeːt]
campana (f)	klokke (m/f)	['klɔkə]

bandera (f)	**flagg** (n)	['flɑg]
cabo (m) (maroma)	**trosse** (m/f)	['trʊsə]
nudo (m)	**knute** (m)	['knʉtə]

pasamano (m)	**rekkverk** (n)	['rɛkˌværk]
pasarela (f)	**landgang** (m)	['lanˌgaŋ]

ancla (f)	**anker** (n)	['ɑnkər]
levar ancla	**å lette anker**	[ɔ 'letə 'ɑnkər]
echar ancla	**å kaste anker**	[ɔ 'kɑstə 'ɑnkər]
cadena (f) del ancla	**ankerkjetting** (m)	['ɑnkərˌçɛtiŋ]

puerto (m)	**havn** (m/f)	['hɑvn]
embarcadero (m)	**kai** (m/f)	['kɑj]
amarrar (vt)	**å fortøye**	[ɔ fɔː'tøjə]
desamarrar (vt)	**å kaste loss**	[ɔ 'kɑstə lɔs]

viaje (m)	**reise** (m/f)	['ræjsə]
crucero (m) (viaje)	**cruise** (n)	['krʉs]
derrota (f) (rumbo)	**kurs** (m)	['kʉʂ]
itinerario (m)	**rute** (m/f)	['rʉtə]

canal (m) navegable	**seilrende** (m)	['sæjlˌrɛnə]
bajío (m)	**grunne** (m/f)	['grʉnə]
encallar (vi)	**å gå på grunn**	[ɔ 'gɔ pɔ 'grʉn]

tempestad (f)	**storm** (m)	['stɔrm]
señal (f)	**signal** (n)	[siŋ'nɑl]
hundirse (vr)	**å synke**	[ɔ 'sʏnkə]
¡Hombre al agua!	**Mann over bord!**	['man ˌovər 'bʊr]
SOS	**SOS** (n)	[ɛsʊ'ɛs]
aro (m) salvavidas	**livbøye** (m/f)	['livˌbøjə]

108. El aeropuerto

aeropuerto (m)	**flyplass** (m)	['flyˌplɑs]
avión (m)	**fly** (n)	['fly]
compañía (f) aérea	**flyselskap** (n)	['flysəlˌskɑp]
controlador (m) aéreo	**flygeleder** (m)	['flygəˌledər]

despegue (m)	**avgang** (m)	['ɑvˌgaŋ]
llegada (f)	**ankomst** (m)	['ɑnˌkɔmst]
llegar (en avión)	**å ankomme**	[ɔ 'ɑnˌkɔmə]

hora (f) de salida	**avgangstid** (m/f)	['ɑvgaŋsˌtid]
hora (f) de llegada	**ankomsttid** (m/f)	[ɑn'kɔmsˌtid]

retrasarse (vr)	**å bli forsinket**	[ɔ 'bli fɔ'ʂinkət]
retraso (m) de vuelo	**avgangsforsinkelse** (m)	['ɑvgaŋs fɔ'ʂinkəlsə]

pantalla (f) de información	**informasjonstavle** (m/f)	[informa'ʂʊns ˌtavlə]
información (f)	**informasjon** (m)	[informa'ʂʊn]
anunciar (vt)	**å meddele**	[ɔ 'mɛdˌdelə]
vuelo (m)	**fly** (n)	['fly]

aduana (f)	**toll** (m)	['tɔl]
aduanero (m)	**tollbetjent** (m)	['tɔlbe͵tjɛnt]

declaración (f) de aduana	**tolldeklarasjon** (m)	['tɔldɛklara'ʂʉn]
rellenar (vt)	**å utfylle**	[ɔ 'ʉt͵fʏlə]
rellenar la declaración	**å utfylle en tolldeklarasjon**	[ɔ 'ʉt͵fʏlə en 'tɔldɛklara͵ʂʉn]
control (m) de pasaportes	**passkontroll** (m)	['paskʉn͵trɔl]

equipaje (m)	**bagasje** (m)	[ba'gaʂə]
equipaje (m) de mano	**håndbagasje** (m)	['hɔn͵ba'gaʂə]
carrito (m) de equipaje	**bagasjetralle** (m/f)	[ba'gaʂə͵tralə]

aterrizaje (m)	**landing** (m)	['laniŋ]
pista (f) de aterrizaje	**landingsbane** (m)	['laniŋs͵banə]
aterrizar (vi)	**å lande**	[ɔ 'lanə]
escaleras (f pl) (de avión)	**trapp** (m/f)	['trap]

facturación (f) (check-in)	**innsjekking** (m/f)	['in͵ʂɛkiŋ]
mostrador (m) de facturación	**innsjekkingsskranke** (m)	['in͵ʂɛkiŋs ͵skrankə]
hacer el check-in	**å sjekke inn**	[ɔ 'ʂɛkə in]
tarjeta (f) de embarque	**boardingkort** (n)	['bɔ:diŋ͵kɔ:t]
puerta (f) de embarque	**gate** (m/f)	['gejt]

tránsito (m)	**transitt** (m)	[tran'sit]
esperar (aguardar)	**å vente**	[ɔ 'vɛntə]
zona (f) de preembarque	**ventehall** (m)	['vɛntə͵hal]
despedir (vt)	**å ta avskjed**	[ɔ 'ta 'af͵sɛd]
despedirse (vr)	**å si farvel**	[ɔ 'si far'vɛl]

Acontecimentos de la vida

109. Los días festivos. Los eventos

fiesta (f)	fest (m)	['fɛst]
fiesta (f) nacional	nasjonaldag (m)	[naʂʉ'nal,da]
día (m) de fiesta	festdag (m)	['fɛst,da]
celebrar (vt)	å feire	[ɔ 'fæjrə]
evento (m)	begivenhet (m/f)	[be'jiven,het]
medida (f)	evenement (n)	[ɛvenə'maŋ]
banquete (m)	bankett (m)	[ban'kɛt]
recepción (f)	resepsjon (m)	[resɛp'ʂʉn]
festín (m)	fest (n)	['fɛst]
aniversario (m)	årsdag (m)	['oːʂ,da]
jubileo (m)	jubileum (n)	[jʉbi'leʉm]
Año (m) Nuevo	nytt år (n)	['nʏt ,oːr]
¡Feliz Año Nuevo!	Godt nytt år!	['gɔt nʏt ,oːr]
Papá Noel (m)	Julenissen	['jʉlə,nisən]
Navidad (f)	Jul (m/f)	['jʉl]
¡Feliz Navidad!	Gledelig jul!	['gledəli 'jʉl]
árbol (m) de Navidad	juletre (n)	['jʉlə,trɛ]
fuegos (m pl) artificiales	fyrverkeri (n)	[,fyrværkə'ri]
boda (f)	bryllup (n)	['brʏlʉp]
novio (m)	brudgom (m)	['brʉd,gom]
novia (f)	brud (m/f)	['brʉd]
invitar (vt)	å innby, å invitere	[ɔ 'inby], [ɔ invi'terə]
tarjeta (f) de invitación	innbydelse (m)	[in'bydəlse]
invitado (m)	gjest (m)	['jɛst]
visitar (vt) (a los amigos)	å besøke	[ɔ be'søkə]
recibir a los invitados	å hilse på gjestene	[ɔ 'hilsə pɔ 'jɛstenə]
regalo (m)	gave (m/f)	['gavə]
regalar (vt)	å gi	[ɔ 'ji]
recibir regalos	å få gaver	[ɔ 'fɔ 'gavər]
ramo (m) de flores	bukett (m)	[bʉ'kɛt]
felicitación (f)	lykkønskning (m/f)	['lʏk,ønskniŋ]
felicitar (vt)	å gratulere	[ɔ gratʉ'lerə]
tarjeta (f) de felicitación	gratulasjonskort (n)	[gratʉla'ʂʉns,koːt]
enviar una tarjeta	å sende postkort	[ɔ 'sɛnə 'pɔst,koːt]
recibir una tarjeta	å få postkort	[ɔ 'fɔ 'pɔst,koːt]
brindis (m)	skål (m/f)	['skɔl]

ofrecer (~ una copa)	å tilby	[ɔ 'tilby]
champaña (f)	champagne (m)	[ʂɑmˈpɑnjə]

divertirse (vr)	å more seg	[ɔ 'mʊrə sæj]
diversión (f)	munterhet (m)	['mʉntərˌhet]
alegría (f) (emoción)	glede (m/f)	['gledə]

baile (m)	dans (m)	['dɑns]
bailar (vi, vt)	å danse	[ɔ 'dɑnsə]

vals (m)	vals (m)	['vɑls]
tango (m)	tango (m)	['tɑŋgʊ]

110. Los funerales. El entierro

cementerio (m)	gravplass, kirkegård (m)	['grɑvˌplɑs], ['çirkəˌgɔːr]
tumba (f)	grav (m)	['grɑv]
cruz (f)	kors (n)	['kɔːʂ]
lápida (f)	gravstein (m)	['grɑfˌstæjn]
verja (f)	gjerde (n)	['jærə]
capilla (f)	kapell (n)	[kɑ'pɛl]

muerte (f)	død (m)	['dø]
morir (vi)	å dø	[ɔ 'dø]
difunto (m)	den avdøde	[den 'ɑvˌdødə]
luto (m)	sorg (m/f)	['sɔr]

enterrar (vt)	å begrave	[ɔ be'grɑvə]
funeraria (f)	begravelsesbyrå (n)	[be'grɑvəlsəs byˌro]
entierro (m)	begravelse (m)	[be'grɑvəlsə]

corona (f) funeraria	krans (m)	['krɑns]
ataúd (m)	likkiste (m/f)	['likˌçistə]
coche (m) fúnebre	likbil (m)	['likˌbil]
mortaja (f)	likklede (n)	['likˌkledə]

cortejo (m) fúnebre	gravfølge (n)	['grɑvˌfølgə]
urna (f) funeraria	askeurne (m/f)	['ɑskəˌʉːɳə]
crematorio (m)	krematorium (n)	[krɛmɑ'tʊrium]

necrología (f)	nekrolog (m)	[nekrʊ'lɔg]
llorar (vi)	å gråte	[ɔ 'groːtə]
sollozar (vi)	å hulke	[ɔ 'hʉlkə]

111. La guerra. Los soldados

sección (f)	tropp (m)	['trɔp]
compañía (f)	kompani (n)	[kʊmpɑ'ni]
regimiento (m)	regiment (n)	[rɛgi'mɛnt]
ejército (m)	hær (m)	['hær]
división (f)	divisjon (m)	[divi'ʂʊn]
destacamento (m)	tropp (m)	['trɔp]

hueste (f)	hær (m)	['hær]
soldado (m)	soldat (m)	[sʊl'dɑt]
oficial (m)	offiser (m)	[ɔfi'sɛr]

soldado (m) raso	menig (m)	['meni]
sargento (m)	sersjant (m)	[sær'ʂant]
teniente (m)	løytnant (m)	['løjt‚nant]
capitán (m)	kaptein (m)	[kap'tæjn]
mayor (m)	major (m)	[ma'jɔr]
coronel (m)	oberst (m)	['ʊbɛʂt]
general (m)	general (m)	[gene'ral]

marino (m)	sjømann (m)	['ʂø‚man]
capitán (m)	kaptein (m)	[kap'tæjn]
contramaestre (m)	båtsmann (m)	['bɔs‚man]

artillero (m)	artillerist (m)	[‚ɑːʈile'rist]
paracaidista (m)	fallskjermjeger (m)	['fal‚ʂærm 'jɛːgər]
piloto (m)	flyger, flyver (m)	['flygər], ['flyvər]
navegador (m)	styrmann (m)	['styr‚man]
mecánico (m)	mekaniker (m)	[me'kanikər]

zapador (m)	pioner (m)	[piʊ'ner]
paracaidista (m)	fallskjermhopper (m)	['fal‚ʂærm 'hɔpər]
explorador (m)	oppklaringssoldat (m)	['ɔp‚klariŋ sʊl'dat]
francotirador (m)	skarpskytte (m)	['skarp‚ʂytə]

patrulla (f)	patrulje (m)	[pa'trʉlje]
patrullar (vi, vt)	å patruljere	[ɔ patrʉ'ljerə]
centinela (m)	vakt (m)	['vakt]

guerrero (m)	kriger (m)	['krigər]
patriota (m)	patriot (m)	[patri'ɔt]
héroe (m)	helt (m)	['hɛlt]
heroína (f)	heltinne (m)	['hɛlt‚inə]

traidor (m)	forræder (m)	[fɔ'rædər]
traicionar (vt)	å forråde	[ɔ fɔ'rɔːdə]
desertor (m)	desertør (m)	[desæː'ʈør]
desertar (vi)	å desertere	[ɔ desæː'ʈerə]

mercenario (m)	leiesoldat (m)	['læjəsʊl‚dat]
recluta (m)	rekrutt (m)	[re'krʉt]
voluntario (m)	frivillig (m)	['fri‚vili]

muerto (m)	drept (m)	['drɛpt]
herido (m)	såret (m)	['soːrə]
prisionero (m)	fange (m)	['faŋə]

112. La guerra. El ámbito militar. Unidad 1

guerra (f)	krig (m)	['krig]
estar en guerra	å være i krig	[ɔ 'værə i ‚krig]
guerra (f) civil	borgerkrig (m)	['bɔrgər‚krig]

pérfidamente (adv)	lumsk, forræderisk	['lumsk], [fɔ'rædərisk]
declaración (f) de guerra	krigserklæring (m)	['krigs ær͵klæriŋ]
declarar (~ la guerra)	å erklære	[ɔ ær'klærə]
agresión (f)	aggresjon (m)	[agre'ʂun]
atacar (~ a un país)	å angripe	[ɔ 'an͵gripə]

invadir (vt)	å invadere	[ɔ inva'derə]
invasor (m)	angriper (m)	['an͵gripər]
conquistador (m)	erobrer (m)	[ɛ'rubrər]

defensa (f)	forsvar (n)	['fu͵ʂvar]
defender (vt)	å forsvare	[ɔ fɔ'ʂvarə]
defenderse (vr)	å forsvare seg	[ɔ fɔ'ʂvarə sæj]

enemigo (m)	fiende (m)	['fiɛndə]
adversario (m)	motstander (m)	['mut͵stanər]
enemigo (adj)	fiendtlig	['fjɛntli]

| estrategia (f) | strategi (m) | [strate'gi] |
| táctica (f) | taktikk (m) | [tak'tik] |

orden (f)	ordre (m)	['ɔrdrə]
comando (m)	ordre, kommando (m/f)	['ɔrdrə], ['ku'mandu]
ordenar (vt)	å beordre	[ɔ be'ɔrdrə]
misión (f)	oppdrag (m)	['ɔpdrag]
secreto (adj)	hemmelig	['hɛməli]

batalla (f)	batalje (m)	[ba'taljə]
batalla (f)	slag (n)	['ʂlag]
combate (m)	kamp (m)	['kamp]

ataque (m)	angrep (n)	['an͵grɛp]
asalto (m)	storm (m)	['stɔrm]
tomar por asalto	å storme	[ɔ 'stɔrmə]
asedio (m), sitio (m)	beleiring (m/f)	[be'læjriŋ]

| ofensiva (f) | offensiv (m), angrep (n) | ['ɔfen͵sif], ['an͵grɛp] |
| tomar la ofensiva | å angripe | [ɔ 'an͵gripə] |

| retirada (f) | retrett (m) | [rɛ'trɛt] |
| retirarse (vr) | å retirere | [ɔ reti'rerə] |

| envolvimiento (m) | omringing (m/f) | ['ɔm͵riŋiŋ] |
| cercar (vt) | å omringe | [ɔ 'ɔm͵riŋə] |

bombardeo (m)	bombing (m/f)	['bumbiŋ]
lanzar una bomba	å slippe bombe	[ɔ 'ʂlipə 'bumbə]
bombear (vt)	å bombardere	[ɔ bumba:'derə]
explosión (f)	eksplosjon (m)	[ɛksplu'ʂun]

tiro (m), disparo (m)	skudd (n)	['skud]
disparar (vi)	å skyte av	[ɔ 'ʂytə a:]
tiro (m) (de artillería)	skytning (m/f)	['ʂytniŋ]

| apuntar a ... | å sikte på ... | [ɔ 'siktə pɔ ...] |
| encarar (apuntar) | å rette | [ɔ 'rɛtə] |

alcanzar (el objetivo)	å treffe	[ɔ 'trɛfə]
hundir (vt)	å senke	[ɔ 'sɛnkə]
brecha (f) (~ en el casco)	hull (n)	['hʉl]
hundirse (vr)	å synke	[ɔ 'sʏnkə]

frente (m)	front (m)	['frɔnt]
evacuación (f)	evakuering (m/f)	[ɛvakʉ'eriŋ]
evacuar (vt)	å evakuere	[ɔ ɛvakʉ'erə]

trinchera (f)	skyttergrav (m)	['ʂytə,grav]
alambre (m) de púas	piggtråd (m)	['pig,trɔd]
barrera (f) (~ antitanque)	hinder (n), sperring (m/f)	['hindər], ['spɛriŋ]
torre (f) de vigilancia	vakttårn (n)	['vakt,tɔːŋ]

hospital (m)	militærsykehus (n)	[mili'tær,sykə'hʉs]
herir (vt)	å såre	[ɔ 'soːrə]
herida (f)	sår (n)	['sɔr]
herido (m)	såret (n)	['soːrə]
recibir una herida	å bli såret	[ɔ 'bli 'soːrət]
grave (herida)	alvorlig	[al'vɔːl̩i]

113. La guerra. El ámbito militar. Unidad 2

cautiverio (m)	fangeskap (n)	['faŋə,skap]
capturar (vt)	å ta til fange	[ɔ 'ta til 'faŋə]
estar en cautiverio	å være i fangeskap	[ɔ 'værə i 'faŋə,skap]
caer prisionero	å bli tatt til fange	[ɔ 'bli tat til 'faŋə]

campo (m) de concentración	konsentrasjonsleir (m)	[kʉnsəntra'ʂʉns,læjr]
prisionero (m)	fange (m)	['faŋə]
escapar (de cautiverio)	å flykte	[ɔ 'flʏktə]

traicionar (vt)	å forråde	[ɔ fɔ'rɔːdə]
traidor (m)	forræder (m)	[fɔ'rædər]
traición (f)	forræderi (n)	[fɔrædə'ri]

fusilar (vt)	å henrette ved skyting	[ɔ 'hɛn,rɛtə ve 'ʂytiŋ]
fusilamiento (m)	skyting (m/f)	['ʂytiŋ]

equipo (m) (uniforme, etc.)	mundering (m/f)	[mʉn'dɛriŋ]
hombrera (f)	skulderklaff (m)	['skʉldər,klaf]
máscara (f) antigás	gassmaske (m/f)	['gas,maskə]

radio transmisor (m)	feltradio (m)	['fɛlt,radiʉ]
cifra (f) (código)	chiffer (n)	['ʂifər]
conspiración (f)	hemmeligholdelse (m)	['hɛməli,hɔləlsə]
contraseña (f)	passord (n)	['pas,uːr]

mina (f) terrestre	mine (m/f)	['minə]
minar (poner minas)	å minelegge	[ɔ 'minə,legə]
campo (m) minado	minefelt (n)	['minə,fɛlt]

alarma (f) aérea	flyalarm (m)	['fly a'larm]
alarma (f)	alarm (m)	[a'larm]

| señal (f) | signal (n) | [siŋ'nal] |
| cohete (m) de señales | signalrakett (m) | [siŋ'nal ra'kɛt] |

estado (m) mayor	stab (m)	['stab]
reconocimiento (m)	oppklaring (m/f)	['ɔp‚klariŋ]
situación (f)	situasjon (m)	[situɑ'şun]
informe (m)	rapport (m)	[ra'pɔ:t]
emboscada (f)	bakhold (n)	['bak‚hɔl]
refuerzo (m)	forsterkning (m/f)	[fo'ştærkniŋ]

blanco (m)	mål (n)	['mol]
terreno (m) de prueba	skytefelt (n)	['şytə‚fɛlt]
maniobras (f pl)	manøverer (m pl)	[ma'nøvər]

pánico (m)	panikk (m)	[pa'nik]
devastación (f)	ødeleggelse (m)	['ødə‚legəlsə]
destrucciones (f pl)	ruiner (m pl)	[ru'inər]
destruir (vt)	å ødelegge	[ɔ 'ødə‚legə]

sobrevivir (vi, vt)	å overleve	[ɔ 'ɔvə‚levə]
desarmar (vt)	å avvæpne	[ɔ 'av‚væpnə]
manejar (un arma)	å handtere	[ɔ han'terə]

| ¡Firmes! | Rett! \| Gi-akt! | ['rɛt], ['ji:'akt] |
| ¡Descanso! | Hvil! | ['vil] |

hazaña (f)	bedrift (m)	[be'drift]
juramento (m)	ed (m)	['ɛd]
jurar (vt)	å sverge	[ɔ 'sværgə]

condecoración (f)	belønning (m/f)	[be'lœniŋ]
condecorar (vt)	å belønne	[ɔ be'lœnə]
medalla (f)	medalje (m)	[me'daljə]
orden (m) (~ de Merito)	orden (m)	['ɔrdən]

victoria (f)	seier (m)	['sæjər]
derrota (f)	nederlag (n)	['nedə‚lag]
armisticio (m)	våpenhvile (m)	['vɔpən‚vilə]

bandera (f)	fane (m)	['fanə]
gloria (f)	berømmelse (m)	[be'rœməlsə]
desfile (m) militar	parade (m)	[pa'radə]
marchar (desfilar)	å marsjere	[ɔ ma'şerə]

114. Las armas

arma (f)	våpen (n)	['vɔpən]
arma (f) de fuego	skytevåpen (n)	['şytə‚vɔpən]
arma (f) blanca	blankvåpen (n)	['blank‚vɔpən]

arma (f) química	kjemisk våpen (n)	['çemisk ‚vɔpən]
nuclear (adj)	kjerne-	['çæ:ŋə-]
arma (f) nuclear	kjernevåpen (n)	['çæ:ŋə‚vɔpən]
bomba (f)	bombe (m)	['bʊmbə]

bomba (f) atómica	atombombe (m)	[a'tʊmˌbʊmbə]
pistola (f)	pistol (m)	[pi'stʊl]
fusil (m)	gevær (n)	[ge'vær]
metralleta (f)	maskinpistol (m)	[ma'ʂin piˌstʊl]
ametralladora (f)	maskingevær (n)	[ma'ʂin geˌvær]

boca (f)	munning (m)	['mʉniŋ]
cañón (m) (del arma)	løp (n)	['løp]
calibre (m)	kaliber (m/n)	[ka'libər]

gatillo (m)	avtrekker (m)	['avˌtrɛkər]
alza (f)	sikte (n)	['siktə]
cargador (m)	magasin (n)	[maga'sin]
culata (f)	kolbe (m)	['kɔlbə]

granada (f) de mano	håndgranat (m)	['hɔnˌgra'nat]
explosivo (m)	sprengstoff (n)	['sprɛŋˌstɔf]

bala (f)	kule (m/f)	['kʉːlə]
cartucho (m)	patron (m)	[pa'trʊn]
carga (f)	ladning (m)	['ladniŋ]
pertrechos (m pl)	ammunisjon (m)	[amʉni'ʂʊn]

bombardero (m)	bombefly (n)	['bʊmbəˌfly]
avión (m) de caza	jagerfly (n)	['jagərˌfly]
helicóptero (m)	helikopter (n)	[heli'kɔptər]

antiaéreo (m)	luftvernkanon (m)	['lʉftvɛːn̩ ka'nʊn]
tanque (m)	stridsvogn (m/f)	['stridsˌvɔŋn]
cañón (m) (de un tanque)	kanon (m)	[ka'nʊn]

artillería (f)	artilleri (n)	[ˌɑːʈile'ri]
cañón (m) (arma)	kanon (m)	[ka'nʊn]
dirigir (un misil, etc.)	å rette	[ɔ 'rɛtə]

mortero (m)	granatkaster (m)	[gra'natˌkastər]
bomba (f) de mortero	granat (m/f)	[gra'nat]
obús (m)	projektil (m)	[prʉek'til]
trozo (m) de obús	splint (m)	['splint]

submarino (m)	ubåt (m)	['ʉːˌbɔt]
torpedo (m)	torpedo (m)	[tʊr'pedʊ]
misil (m)	rakett (m)	[ra'kɛt]

cargar (pistola)	å lade	[ɔ 'ladə]
tirar (vi)	å skyte	[ɔ 'ʂytə]
apuntar a …	å sikte på …	[ɔ 'siktə pɔ …]
bayoneta (f)	bajonett (m)	[bajo'nɛt]

espada (f) (duelo a ~)	kårde (m)	['koːrdə]
sable (m)	sabel (m)	['sabəl]
lanza (f)	spyd (n)	['spyd]
arco (m)	bue (m)	['bʉːə]
flecha (f)	pil (m/f)	['pil]
mosquete (m)	muskett (m)	[mʉ'skɛt]
ballesta (f)	armbrøst (m)	['armˌbrøst]

115. Los pueblos antiguos

primitivo (adj)	ur-	['ʉr-]
prehistórico (adj)	forhistorisk	['fɔrhiˌstʉrisk]
antiguo (adj)	oldtidens, antikkens	['ɔlˌtidəns], [an'tikəns]
Edad (f) de Piedra	Steinalderen	['stæjnˌalderən]
Edad (f) de Bronce	bronsealder (m)	['brɔnsəˌaldər]
Edad (f) de Hielo	istid (m/f)	['isˌtid]
tribu (f)	stamme (m)	['stamə]
caníbal (m)	kannibal (m)	[kani'bal]
cazador (m)	jeger (m)	['jɛːgər]
cazar (vi, vt)	å jage	[ɔ 'jagə]
mamut (m)	mammut (m)	['mamʉt]
caverna (f)	grotte (m/f)	['grɔtə]
fuego (m)	ild (m)	['il]
hoguera (f)	bål (n)	['bɔl]
pintura (f) rupestre	helleristning (m/f)	['hɛləˌristniŋ]
herramienta (f), útil (m)	redskap (m/n)	['rɛdˌskap]
lanza (f)	spyd (n)	['spyd]
hacha (f) de piedra	steinøks (m/f)	['stæjnˌøks]
estar en guerra	å være i krig	[ɔ 'værə i ˌkrig]
domesticar (vt)	å temme	[ɔ 'tɛmə]
ídolo (m)	idol (n)	[i'dʉl]
adorar (vt)	å dyrke	[ɔ 'dyrkə]
superstición (f)	overtro (m)	['ɔvəˌtrʉ]
rito (m)	ritual (n)	[ritʉ'al]
evolución (f)	evolusjon (m)	[ɛvɔlʉ'sʉn]
desarrollo (m)	utvikling (m/f)	['ʉtˌvikliŋ]
desaparición (f)	forsvinning (m/f)	[fɔ'sviniŋ]
adaptarse (vr)	å tilpasse seg	[ɔ 'tilˌpasə sæj]
arqueología (f)	arkeologi (m)	[ˌarkeʉlʉ'gi]
arqueólogo (m)	arkeolog (m)	[ˌarkeʉ'lɔg]
arqueológico (adj)	arkeologisk	[ˌarkeʉ'lɔgisk]
sitio (m) de excavación	utgravingssted (n)	['ʉtˌgraviŋs ˌsted]
excavaciones (f pl)	utgravinger (m/f pl)	['ʉtˌgraviŋər]
hallazgo (m)	funn (n)	['fʉn]
fragmento (m)	fragment (n)	[frag'mɛnt]

116. La Edad Media

pueblo (m)	folk (n)	['fɔlk]
pueblos (m pl)	folk (n pl)	['fɔlk]
tribu (f)	stamme (m)	['stamə]
tribus (f pl)	stammer (m pl)	['stamər]
bárbaros (m pl)	barbarer (m pl)	[bar'barər]

113

galos (m pl)	gallere (m pl)	['galere]
godos (m pl)	gotere (m pl)	['gotere]
eslavos (m pl)	slavere (m pl)	['slavɛrə]
vikingos (m pl)	vikinger (m pl)	['vikiŋər]

romanos (m pl)	romere (m pl)	['rʊmerə]
romano (adj)	romersk	['rʊmæʂk]

bizantinos (m pl)	bysantiner (m pl)	[bysan'tinər]
Bizancio (m)	Bysants	[by'sants]
bizantino (adj)	bysantinsk	[bysan'tinsk]

emperador (m)	keiser (m)	['kæjsər]
jefe (m)	høvding (m)	['høvdiŋ]
poderoso (adj)	mektig	['mɛkti]
rey (m)	konge (m)	['kʊŋə]
gobernador (m)	hersker (m)	['hæʂkər]

caballero (m)	ridder (m)	['ridər]
señor (m) feudal	føydalherre (m)	['føjdal,hɛrə]
feudal (adj)	føydal	['føjdal]
vasallo (m)	vasall (m)	[va'sal]

duque (m)	hertug (m)	['hæːʈʊg]
conde (m)	greve (m)	['grevə]
barón (m)	baron (m)	[ba'rʊn]
obispo (m)	biskop (m)	['biskɔp]

armadura (f)	rustning (m/f)	['rʊstniŋ]
escudo (m)	skjold (n)	['ʂɔl]
espada (f) (danza de ~s)	sverd (n)	['sværd]
visera (f)	visir (n)	[vi'sir]
cota (f) de malla	ringbrynje (m/f)	['riŋ,brynje]

cruzada (f)	korstog (n)	['kɔːʂ,tog]
cruzado (m)	korsfarer (m)	['kɔːʂ,farər]

territorio (m)	territorium (n)	[tɛri'tʊrium]
atacar (~ a un país)	å angripe	[ɔ 'an,gripə]
conquistar (vt)	å erobre	[ɔ ɛ'rʊbrə]
ocupar (invadir)	å okkupere	[ɔ ɔkʉ'perə]

asedio (m), sitio (m)	beleiring (m/f)	[be'læjriŋ]
sitiado (adj)	beleiret	[be'læjrət]
asediar, sitiar (vt)	å beleire	[ɔ be'læjre]

inquisición (f)	inkvisisjon (m)	[inkvisi'ʂʊn]
inquisidor (m)	inkvisitor (m)	[inkvi'sitʊr]
tortura (f)	tortur (m)	[tɔː'ʈʉr]
cruel (adj)	brutal	[brʉ'tal]
hereje (m)	kjetter (m)	['çɛtər]
herejía (f)	kjetteri (n)	[çɛtə'ri]

navegación (f) marítima	sjøfart (m)	['ʂø,faːʈ]
pirata (m)	pirat, sjørøver (m)	['pi'rat], ['ʂø,røvər]
piratería (f)	sjørøveri (n)	['ʂø røvɛ'ri]

abordaje (m)	entring (m/f)	['ɛntriŋ]
botín (m)	bytte (n)	['bʏtə]
tesoros (m pl)	skatter (m pl)	['skatər]

descubrimiento (m)	oppdagelse (m)	['ɔp̩dagəlsə]
descubrir (tierras nuevas)	å oppdage	[ɔ 'ɔp̩dagə]
expedición (f)	ekspedisjon (m)	[ɛkspedi'sʉn]

mosquetero (m)	musketer (m)	[mʉskə'ter]
cardenal (m)	kardinal (m)	[kɑːd̩ɨ'nɑl]
heráldica (f)	heraldikk (m)	[heral'dik]
heráldico (adj)	heraldisk	[he'raldisk]

117. El líder. El jefe. Las autoridades

rey (m)	konge (m)	['kʊŋə]
reina (f)	dronning (m/f)	['drɔniŋ]
real (adj)	kongelig	['kʊŋəli]
reino (m)	kongerike (n)	['kʊŋə̩rikə]

| príncipe (m) | prins (m) | ['prins] |
| princesa (f) | prinsesse (m/f) | [prin'sɛsə] |

presidente (m)	president (m)	[prɛsi'dɛnt]
vicepresidente (m)	visepresident (m)	['visə prɛsi'dɛnt]
senador (m)	senator (m)	[se'nɑtʊr]

monarca (m)	monark (m)	[mʊ'nɑrk]
gobernador (m)	hersker (m)	['hæʂkər]
dictador (m)	diktator (m)	[dik'tatʊr]
tirano (m)	tyrann (m)	[ty'ran]
magnate (m)	magnat (m)	[maŋ'nat]

director (m)	direktør (m)	[dirɛk'tør]
jefe (m)	sjef (m)	['ʂɛf]
gerente (m)	forstander (m)	[fɔ'ʂtandər]
amo (m)	boss (m)	['bɔs]
dueño (m)	eier (m)	['æjər]

jefe (m), líder (m)	leder (m)	['ledər]
jefe (m) (~ de delegación)	leder (m)	['ledər]
autoridades (f pl)	myndigheter (m pl)	['mʏndi̩hetər]
superiores (m pl)	overordnede (pl)	['ɔvər̩ɔrdnedə]

gobernador (m)	guvernør (m)	[gʉver'nør]
cónsul (m)	konsul (m)	['kʊn̩sʉl]
diplomático (m)	diplomat (m)	[diplʉ'mat]
alcalde (m)	borgermester (m)	[bɔrgər'mɛstər]
sheriff (m)	sheriff (m)	[ʂɛ'rif]

emperador (m)	keiser (m)	['kæjsər]
zar (m)	tsar (m)	['tsar]
faraón (m)	farao (m)	['farau]
jan (m), kan (m)	khan (m)	['kan]

118. Violar la ley. Los criminales. Unidad 1

bandido (m)	banditt (m)	[ban'dit]
crimen (m)	forbrytelse (m)	[for'brytəlsə]
criminal (m)	forbryter (m)	[for'brytər]

| ladrón (m) | tyv (m) | ['tyv] |
| robar (vt) | å stjele | [ɔ 'stjelə] |

secuestrar (vt)	å kidnappe	[ɔ 'kid,nɛpə]
secuestro (m)	kidnapping (m)	['kid,nɛpiŋ]
secuestrador (m)	kidnapper (m)	['kid,nɛpər]

| rescate (m) | løsepenger (m pl) | ['løsə,pɛŋər] |
| exigir un rescate | å kreve løsepenger | [ɔ 'krevə 'løsə,pɛŋər] |

robar (vt)	å rane	[ɔ 'ranə]
robo (m)	ran (n)	['ran]
atracador (m)	raner (m)	['ranər]

extorsionar (vt)	å presse ut	[ɔ 'prɛsə ʉt]
extorsionista (m)	utpresser (m)	['ʉt,prɛsər]
extorsión (f)	utpressing (m/f)	['ʉt,prɛsiŋ]

matar, asesinar (vt)	å myrde	[ɔ 'mʏːdə]
asesinato (m)	mord (n)	['mʊr]
asesino (m)	morder (m)	['mʊrdər]

tiro (m), disparo (m)	skudd (n)	['skʉd]
disparar (vi)	å skyte av	[ɔ 'ʂytə ɑː]
matar (a tiros)	å skyte ned	[ɔ 'ʂytə ne]
tirar (vi)	å skyte	[ɔ 'ʂytə]
tiroteo (m)	skyting, skytning (m/f)	['ʂytiŋ], ['ʂytniŋ]

incidente (m)	hendelse (m)	['hɛndəlsə]
pelea (f)	slagsmål (n)	['ʂlaks,mol]
¡Socorro!	Hjelp!	['jɛlp]
víctima (f)	offer (n)	['ɔfər]

perjudicar (vt)	å skade	[ɔ 'skadə]
daño (m)	skade (m)	['skadə]
cadáver (m)	lik (n)	['lik]
grave (un delito ~)	alvorlig	[al'vɔːli]

atacar (vt)	å anfalle	[ɔ 'an,falə]
pegar (golpear)	å slå	[ɔ 'ʂlɔ]
apporear (vt)	å klå opp	[ɔ 'klɔ ɔp]
quitar (robar)	å berøve	[ɔ be'røvə]
acuchillar (vt)	å stikke i hjel	[ɔ 'stikə i 'jel]
mutilar (vt)	å lemleste	[ɔ 'lem,lestə]
herir (vt)	å såre	[ɔ 'soːrə]

chantaje (m)	utpressing (m/f)	['ʉt,prɛsiŋ]
hacer chantaje	å utpresse	[ɔ 'ʉt,prɛsə]
chantajista (m)	utpresser (m)	['ʉt,prɛsər]

extorsión (f)	utpressing (m/f)	['ʉtˌprɛsiŋ]
extorsionador (m)	utpresser (m)	['ʉtˌprɛsər]
gángster (m)	gangster (m)	['gɛŋstər]
mafia (f)	mafia (m)	['mɑfiɑ]

carterista (m)	lommetyv (m)	['lʉməˌtyv]
ladrón (m) de viviendas	innbruddstyv (m)	['inbrʉdsˌtyv]
contrabandismo (m)	smugling (m/f)	['smʉgliŋ]
contrabandista (m)	smugler (m)	['smʉglər]

falsificación (f)	forfalskning (m/f)	[fɔr'falskniŋ]
falsificar (vt)	å forfalske	[ɔ fɔr'falskə]
falso (falsificado)	falsk	['falsk]

119. Violar la ley. Los criminales. Unidad 2

violación (f)	voldtekt (m)	['vɔlˌtɛkt]
violar (vt)	å voldta	[ɔ 'vɔlˌta]
violador (m)	voldtektsmann (m)	['vɔlˌtɛkts man]
maniaco (m)	maniker (m)	['manikər]

prostituta (f)	prostituert (m)	[prʉstitʉ'e:t]
prostitución (f)	prostitusjon (m)	[prʉstitʉ'ʂʉn]
chulo (m), proxeneta (m)	hallik (m)	['halik]

| drogadicto (m) | narkoman (m) | [narkʉ'man] |
| narcotraficante (m) | narkolanger (m) | ['narkɔˌlaŋər] |

hacer explotar	å sprenge	[ɔ 'sprɛŋə]
explosión (f)	eksplosjon (m)	[ɛksplʉ'ʂʉn]
incendiar (vt)	å sette fyr	[ɔ 'sɛtə ˌfyr]
incendiario (m)	brannstifter (m)	['branˌstiftər]

terrorismo (m)	terrorisme (m)	[tɛrʉ'rismə]
terrorista (m)	terrorist (m)	[tɛrʉ'rist]
rehén (m)	gissel (m)	['jisəl]

estafar (vt)	å bedra	[ɔ be'dra]
estafa (f)	bedrag (n)	[be'drag]
estafador (m)	bedrager, svindler (m)	[be'dragər], ['svindlər]

sobornar (vt)	å bestikke	[ɔ be'stikə]
soborno (m) (delito)	bestikkelse (m)	[be'stikəlsə]
soborno (m) (dinero, etc.)	bestikkelse (m)	[be'stikəlsə]

veneno (m)	gift (m/f)	['jift]
envenenar (vt)	å forgifte	[ɔ for'jiftə]
envenenarse (vr)	å forgifte seg selv	[ɔ for'jiftə sæj sɛl]

| suicidio (m) | selvmord (n) | ['sɛlˌmʉr] |
| suicida (m, f) | selvmorder (m) | ['sɛlˌmʉrdər] |

| amenazar (vt) | å true | [ɔ 'trʉə] |
| amenaza (f) | trussel (m) | ['trʉsəl] |

atentar (vi)	å begå mordforsøk	[ɔ be'gɔ 'mʊrdfɔˌsøk]
atentado (m)	mordforsøk (n)	['mʊrdfɔˌsøk]
robar (un coche)	å stjele	[ɔ 'stjelə]
secuestrar (un avión)	å kapre	[ɔ 'kɑprə]
venganza (f)	hevn (m)	['hɛvn]
vengar (vt)	å hevne	[ɔ 'hɛvnə]
torturar (vt)	å torturere	[ɔ tɔːʧʊ'rerə]
tortura (f)	tortur (m)	[tɔːˈʧʊr]
atormentar (vt)	å plage	[ɔ 'plɑgə]
pirata (m)	pirat, sjørøver (m)	['pi'rɑt], ['ʂøˌrøvər]
gamberro (m)	bølle (m)	['bølə]
armado (adj)	bevæpnet	[be'væpnət]
violencia (f)	vold (m)	['vɔl]
ilegal (adj)	illegal	['ileˌgɑl]
espionaje (m)	spionasje (m)	[spiʊ'nɑʂə]
espiar (vi, vt)	å spionere	[ɔ spiʊ'nerə]

120. La policía. La ley. Unidad 1

justicia (f)	justis (m), rettspleie (m/f)	['jʉ'stis], ['rɛtsˌplæjə]
tribunal (m)	rettssal (m)	['rɛtsˌsɑl]
juez (m)	dommer (m)	['dɔmər]
jurados (m pl)	lagrettemedlemmer (n pl)	['lɑgˌrɛtə medle'mer]
tribunal (m) de jurados	lagrette, juryordning (m)	['lɑgˌrɛtə], ['jʉriˌɔrdniŋ]
juzgar (vt)	å dømme	[ɔ 'dœmə]
abogado (m)	advokat (m)	[advʊ'kɑt]
acusado (m)	anklaget (m)	['ɑnˌklɑget]
banquillo (m) de los acusados	anklagebenk (m)	[ɑn'klɑgəˌbɛnk]
inculpación (f)	anklage (m)	['ɑnˌklɑgə]
inculpado (m)	anklagede (m)	['ɑnˌklɑgedə]
sentencia (f)	dom (m)	['dɔm]
sentenciar (vt)	å dømme	[ɔ 'dœmə]
culpable (m)	skyldige (m)	['ʂyldiə]
castigar (vt)	å straffe	[ɔ 'strɑfə]
castigo (m)	straff, avstraffelse (m)	['strɑf], ['ɑfˌstrɑfəlsə]
multa (f)	bot (m/f)	['bʊt]
cadena (f) perpetua	livsvarig fengsel (n)	['lifsˌvɑri 'fɛŋsəl]
pena (f) de muerte	dødsstraff (m/f)	['dødˌstrɑf]
silla (f) eléctrica	elektrisk stol (m)	[ɛ'lektrisk ˌstʊl]
horca (f)	galge (m)	['gɑlgə]
ejecutar (vt)	å henrette	[ɔ 'hɛnˌrɛtə]
ejecución (f)	henrettelse (m)	['hɛnˌrɛtəlsə]

| prisión (f) | fengsel (n) | ['fɛŋsəl] |
| celda (f) | celle (m) | ['sɛlə] |

escolta (f)	eskorte (m)	[ɛs'kɔːʈə]
guardia (m) de prisiones	fangevokter (m)	['faŋə‚vɔktər]
prisionero (m)	fange (m)	['faŋə]

| esposas (f pl) | håndjern (n pl) | ['hɔnˌjæːŋ] |
| esposar (vt) | å sette håndjern | [ɔ 'sɛtə 'hɔnˌjæːŋ] |

escape (m)	flykt (m/f)	['flʏkt]
escaparse (vr)	å flykte, å rømme	[ɔ 'flʏktə], [ɔ 'rœmə]
desaparecer (vi)	å forsvinne	[ɔ fɔ'ʂvinə]
liberar (vt)	å løslate	[ɔ 'løsˌlatə]
amnistía (f)	amnesti (m)	[amnɛ'sti]

policía (f) (~ nacional)	politi (n)	[pʊli'ti]
policía (m)	politi (m)	[pʊli'ti]
comisaría (f) de policía	politistasjon (m)	[pʊli'tiˌsta'ʂʊn]
porra (f)	gummikølle (m/f)	['gʉmiˌkølə]
megáfono (m)	megafon (m)	[mega'fʊn]

coche (m) patrulla	patruljebil (m)	[pa'trʉljəˌbil]
sirena (f)	sirene (m/f)	[si'renə]
poner la sirena	å slå på sirenen	[ɔ 'ʂlɔ pɔ si'renən]
sonido (m) de sirena	sirene hyl (n)	[si'renə ˌhyl]

escena (f) del delito	åsted (n)	['ɔsted]
testigo (m)	vitne (n)	['vitnə]
libertad (f)	frihet (m)	['friˌhet]
cómplice (m)	medskyldig (m)	['mɛˌʂyldi]
escapar de …	å flykte	[ɔ 'flʏktə]
rastro (m)	spor (n)	['spʊr]

121. La policía. La ley. Unidad 2

búsqueda (f)	ettersøking (m/f)	['ɛtəˌsøkiŋ]
buscar (~ el criminal)	å søke etter …	[ɔ 'søkə ˌɛtər …]
sospecha (f)	mistanke (m)	['misˌtankə]
sospechoso (adj)	mistenkelig	[mis'tɛnkəli]
parar (~ en la calle)	å stoppe	[ɔ 'stɔpə]
retener (vt)	å anholde	[ɔ 'anˌhɔlə]

causa (f) (~ penal)	sak (m/f)	['sɑk]
investigación (f)	etterforskning (m/f)	['ɛtərˌfɔʂkniŋ]
detective (m)	detektiv (m)	[detɛk'tiv]
investigador (m)	etterforsker (m)	['ɛtərˌfɔʂkər]
versión (f)	versjon (m)	[væ'ʂʊn]

motivo (m)	motiv (n)	[mʊ'tiv]
interrogatorio (m)	forhør (n)	[fɔr'hør]
interrogar (vt)	å forhøre	[ɔ fɔr'hørə]
interrogar (al testigo)	å avhøre	[ɔ 'avˌhørə]
control (m) (de vehículos, etc.)	sjekking (m/f)	['ʂɛkiŋ]

redada (f)	**rassia, razzia** (m)	['rɑsiɑ]
registro (m) (~ de la casa)	**ransakelse** (m)	['rɑn,sɑkəlsə]
persecución (f)	**jakt** (m/f)	['jakt]
perseguir (vt)	**å forfølge**	[ɔ for'følə]
rastrear (~ al criminal)	**å spore**	[ɔ 'spʊrə]

arresto (m)	**arrest** (m)	[ɑ'rɛst]
arrestar (vt)	**å arrestere**	[ɔ ɑrɛ'sterə]
capturar (vt)	**å fange**	[ɔ 'fɑŋə]
captura (f)	**pågripelse** (m)	['pɔ,gripəlsə]

documento (m)	**dokument** (n)	[dɔkʉ'mɛnt]
prueba (f)	**bevis** (n)	[be'vis]
probar (vt)	**å bevise**	[ɔ be'visə]
huella (f) (pisada)	**fotspor** (n)	['fʊt,spʊr]
huellas (f pl) digitales	**fingeravtrykk** (n pl)	['fiŋər,ɑvtrʏk]
elemento (m) de prueba	**bevis** (n)	[be'vis]

coartada (f)	**alibi** (n)	['ɑlibi]
inocente (no culpable)	**uskyldig**	[ʉ'ʂyldi]
injusticia (f)	**urettferdighet** (m)	['ʉrɛtfærdi,het]
injusto (adj)	**urettferdig**	['ʉrɛt,færdi]

criminal (adj)	**kriminell**	[krimi'nɛl]
confiscar (vt)	**å konfiskere**	[ɔ kʊnfi'skere]
narcótico (m)	**narkotika** (m)	[nɑr'kɔtikɑ]
arma (f)	**våpen** (n)	['vɔpən]
desarmar (vt)	**å avvæpne**	[ɔ 'ɑv,væpnə]
ordenar (vt)	**å befale**	[ɔ be'fɑlə]
desaparecer (vi)	**å forsvinne**	[ɔ fɔ'ʂvinə]

ley (f)	**lov** (m)	['lɔv]
legal (adj)	**lovlig**	['lɔvli]
ilegal (adj)	**ulovlig**	[ʉ'lɔvli]

responsabilidad (f)	**ansvar** (n)	['ɑn,svɑr]
responsable (adj)	**ansvarlig**	[ɑns'vɑ:[i]

LA NATURALEZA

La tierra. Unidad 1

122. El espacio

cosmos (m)	rommet, kosmos (n)	['rʊmə], ['kɔsmɔs]
espacial, cósmico (adj)	rom-	['rʊm-]
espacio (m) cósmico	ytre rom (n)	['ytrə ˌrʊm]
mundo (m)	verden (m)	['værdən]
universo (m)	univers (n)	[ʉni'væʂ]
galaxia (f)	galakse (m)	[ga'laksə]
estrella (f)	stjerne (m/f)	['stjæːŋə]
constelación (f)	stjernebilde (n)	['stjæːŋəˌbildə]
planeta (m)	planet (m)	[pla'net]
satélite (m)	satellitt (m)	[satɛ'lit]
meteorito (m)	meteoritt (m)	[meteʊ'rit]
cometa (m)	komet (m)	[kʊ'met]
asteroide (m)	asteroide (n)	[asterʊ'idə]
órbita (f)	bane (m)	['banə]
girar (vi)	å rotere	[ɔ rɔ'terə]
atmósfera (f)	atmosfære (m)	[atmʊ'sfærə]
Sol (m)	Solen	['sʊlən]
sistema (m) solar	solsystem (n)	['sʊl sʏ'stem]
eclipse (m) de Sol	solformørkelse (m)	['sʊl fɔr'mœrkəlsə]
Tierra (f)	Jorden	['juːrən]
Luna (f)	Månen	['moːnən]
Marte (m)	Mars	['maʂ]
Venus (f)	Venus	['venʉs]
Júpiter (m)	Jupiter	['jʉpitər]
Saturno (m)	Saturn	['saˌtʉːŋ]
Mercurio (m)	Merkur	[mær'kʉr]
Urano (m)	Uranus	[ʉ'ranʉs]
Neptuno (m)	Neptun	[nɛp'tʉn]
Plutón (m)	Pluto	['plʉtʊ]
la Vía Láctea	Melkeveien	['mɛlkəˌvæjən]
la Osa Mayor	den Store Bjørn	['dən 'stʊrə ˌbjœːŋ]
la Estrella Polar	Nordstjernen, Polaris	['nʊːrˌstjæːŋən], [pɔ'laris]
marciano (m)	marsbeboer (m)	['maʂˌbebʊər]
extraterrestre (m)	utenomjordisk vesen (n)	['ʉtənɔmˌjuːrdisk 'vesən]

planetícola (m)	**romvesen** (n)	['rʊmˌvesən]
platillo (m) volante	**flygende tallerken** (m)	['flygenə ta'lærkən]

nave (f) espacial	**romskip** (n)	['rʊmˌʂip]
estación (f) orbital	**romstasjon** (m)	['rʊmˌsta'ʂʊn]
despegue (m)	**start** (m), **oppskyting** (m/f)	['stɑːt], ['ɔpˌʂytiŋ]

motor (m)	**motor** (m)	['mɔtʊr]
tobera (f)	**dyse** (m)	['dysə]
combustible (m)	**brensel** (n), **drivstoff** (n)	['brɛnsəl], ['drifˌstɔf]

carlinga (f)	**cockpit** (m), **flydekk** (n)	['kɔkpit], ['flyˌdɛk]
antena (f)	**antenne** (m)	[an'tɛnə]
ventana (f)	**koøye** (n)	['kʊˌøjə]
batería (f) solar	**solbatteri** (n)	['sʊl batɛ'ri]
escafandra (f)	**romdrakt** (m/f)	['rʊmˌdrakt]

ingravidez (f)	**vektløshet** (m/f)	['vɛktløsˌhet]
oxígeno (m)	**oksygen** (n)	['ɔksy'gen]

atraque (m)	**dokking** (m/f)	['dɔkiŋ]
realizar el atraque	**å dokke**	[ɔ 'dɔkə]

observatorio (m)	**observatorium** (n)	[ɔbsərva'tʊrium]
telescopio (m)	**teleskop** (n)	[tele'skʊp]
observar (vt)	**å observere**	[ɔ ɔbsɛr'verə]
explorar (~ el universo)	**å utforske**	[ɔ 'ʉtˌføʂkə]

123. La tierra

Tierra (f)	**Jorden**	['juːrən]
globo (m) terrestre	**jordklode** (m)	['juːrˌklɔdə]
planeta (m)	**planet** (m)	[pla'net]

atmósfera (f)	**atmosfære** (m)	[atmʊ'sfærə]
geografía (f)	**geografi** (m)	[geʊgra'fi]
naturaleza (f)	**natur** (m)	[na'tʉr]

globo (m) terráqueo	**globus** (m)	['glɔbʉs]
mapa (m)	**kart** (n)	['kaːt]
atlas (m)	**atlas** (n)	['atlɑs]

Europa (f)	**Europa**	[ɛʉ'rʊpa]
Asia (f)	**Asia**	['ɑsia]

África (f)	**Afrika**	['ɑfrika]
Australia (f)	**Australia**	[aʉ'stralia]

América (f)	**Amerika**	[a'merika]
América (f) del Norte	**Nord-Amerika**	['nʊːr a'merika]
América (f) del Sur	**Sør-Amerika**	['sør a'merika]

Antártida (f)	**Antarktis**	[an'tarktis]
Ártico (m)	**Arktis**	['arktis]

124. Los puntos cardinales

norte (m)	nord (n)	['nʊːr]
al norte	mot nord	[mʊt 'nʊːr]
en el norte	i nord	[i 'nʊːr]
del norte (adj)	nordlig	['nʊːrli]
sur (m)	syd, sør	['syd], ['sør]
al sur	mot sør	[mʊt 'sør]
en el sur	i sør	[i 'sør]
del sur (adj)	sydlig, sørlig	['sydli], ['søːʎi]
oeste (m)	vest (m)	['vɛst]
al oeste	mot vest	[mʊt 'vɛst]
en el oeste	i vest	[i 'vɛst]
del oeste (adj)	vestlig, vest-	['vɛstli]
este (m)	øst (m)	['øst]
al este	mot øst	[mʊt 'øst]
en el este	i øst	[i 'øst]
del este (adj)	østlig	['østli]

125. El mar. El océano

mar (m)	hav (n)	['hɑv]
océano (m)	verdenshav (n)	[værdəns'hɑv]
golfo (m)	bukt (m/f)	['bʉkt]
estrecho (m)	sund (n)	['sʉn]
tierra (f) firme	fastland (n)	['fɑst͵lɑn]
continente (m)	fastland, kontinent (n)	['fɑst͵lɑn], [kʉnti'nɛnt]
isla (f)	øy (m/f)	['øj]
península (f)	halvøy (m/f)	['hɑl͵øːj]
archipiélago (m)	skjærgård (m), arkipelag (n)	['ʂær͵gɔr], [ɑrkipe'lɑg]
bahía (f)	bukt (m/f)	['bʉkt]
ensenada, bahía (f)	havn (m/f)	['hɑvn]
laguna (f)	lagune (m)	[lɑ'gʉnə]
cabo (m)	nes (n), kapp (n)	['nes], ['kɑp]
atolón (m)	atoll (m)	[ɑ'tɔl]
arrecife (m)	rev (n)	['rev]
coral (m)	korall (m)	[kʉ'rɑl]
arrecife (m) de coral	korallrev (n)	[kʉ'rɑl͵rɛv]
profundo (adj)	dyp	['dyp]
profundidad (f)	dybde (m)	['dʏbdə]
abismo (m)	avgrunn (m)	['ɑv͵grʉn]
fosa (f) oceánica	dyphavsgrop (m/f)	['dyphɑfs͵grɔp]
corriente (f)	strøm (m)	['strøm]
bañar (rodear)	å omgi	[ɔ 'ɔm͵ji]
orilla (f)	kyst (m)	['çyst]

costa (f)	kyst (m)	['çyst]
flujo (m)	flo (m/f)	['flʊ]
reflujo (m)	ebbe (m), fjære (m/f)	['ɛbə], ['fjærə]
banco (m) de arena	sandbanke (m)	['san‚bankə]
fondo (m)	bunn (m)	['bʉn]

ola (f)	bølge (m)	['bølgə]
cresta (f) de la ola	bølgekam (m)	['bølgə‚kam]
espuma (f)	skum (n)	['skʉm]

tempestad (f)	storm (m)	['stɔrm]
huracán (m)	orkan (m)	[ɔr'kan]
tsunami (m)	tsunami (m)	[tsʉ'nami]
bonanza (f)	stille (m/f)	['stilə]
calmo, tranquilo	stille	['stilə]

| polo (m) | pol (m) | ['pʊl] |
| polar (adj) | pol-, polar | ['pʊl-], [pʊ'lar] |

latitud (f)	bredde, latitude (m)	['brɛdə], ['lati‚tʉdə]
longitud (f)	lengde (m/f)	['leŋdə]
paralelo (m)	breddegrad (m)	['brɛdə‚grad]
ecuador (m)	ekvator (m)	[ɛ'kvatʊr]

cielo (m)	himmel (m)	['himəl]
horizonte (m)	horisont (m)	[hʊri'sɔnt]
aire (m)	luft (f)	['lʉft]

faro (m)	fyr (n)	['fyr]
bucear (vi)	å dykke	[ɔ 'dʏkə]
hundirse (vr)	å synke	[ɔ 'sʏnkə]
tesoros (m pl)	skatter (m pl)	['skatər]

126. Los nombres de los mares y los océanos

océano (m) Atlántico	Atlanterhavet	[at'lantər‚have]
océano (m) Índico	Indiahavet	['india‚have]
océano (m) Pacífico	Stillehavet	['stilə‚have]
océano (m) Glacial Ártico	Polhavet	['pɔl‚have]

mar (m) Negro	Svartehavet	['sva:‚țə‚have]
mar (m) Rojo	Rødehavet	['rødə‚have]
mar (m) Amarillo	Gulehavet	['gʉlə‚have]
mar (m) Blanco	Kvitsjøen, Hvitehavet	['kvit‚șø:n], ['vit‚have]

mar (m) Caspio	Kaspihavet	['kaspi‚have]
mar (m) Muerto	Dødehavet	['dødə‚have]
mar (m) Mediterráneo	Middelhavet	['midəl‚have]

| mar (m) Egeo | Egeerhavet | [ɛ'ge:ər‚have] |
| mar (m) Adriático | Adriahavet | ['adria‚have] |

| mar (m) Arábigo | Arabiahavet | [a'rabia‚have] |
| mar (m) del Japón | Japanhavet | ['japan‚have] |

mar (m) de Bering	Beringhavet	['beriŋˌhave]
mar (m) de la China Meridional	Sør-Kina-havet	['sørˌçina 'have]

mar (m) del Coral	Korallhavet	[kʊ'ralˌhave]
mar (m) de Tasmania	Tasmanhavet	[tas'manˌhave]
mar (m) Caribe	Karibhavet	[ka'ribˌhave]

mar (m) de Barents	Barentshavet	['barɛnsˌhave]
mar (m) de Kara	Karahavet	['karaˌhave]

mar (m) del Norte	Nordsjøen	['nʊːrˌsøːn]
mar (m) Báltico	Østersjøen	['østəˌsøːn]
mar (m) de Noruega	Norskehavet	['nɔʂkəˌhave]

127. Las montañas

montaña (f)	fjell (n)	['fjɛl]
cadena (f) de montañas	fjellkjede (m)	['fjɛlˌçɛːdə]
cresta (f) de montañas	fjellrygg (m)	['fjɛlˌrʏg]

cima (f)	topp (m)	['tɔp]
pico (m)	tind (m)	['tin]
pie (m)	fot (m)	['fʊt]
cuesta (f)	skråning (m)	['skrɔniŋ]

volcán (m)	vulkan (m)	[vʉl'kan]
volcán (m) activo	virksom vulkan (m)	['virksɔm vʉl'kan]
volcán (m) apagado	utslukt vulkan (m)	['ʉtˌslʉkt vʉl'kan]

erupción (f)	utbrudd (n)	['ʉtˌbrʉd]
cráter (m)	krater (n)	['kratər]
magma (m)	magma (m/n)	['magma]
lava (f)	lava (m)	['lava]
fundido (lava ~a)	glødende	['glødenə]

cañón (m)	canyon (m)	['kanjən]
desfiladero (m)	gjel (n), kløft (m)	['jel], ['klœft]
grieta (f)	renne (m/f)	['rɛnə]
precipicio (m)	avgrunn (m)	['avˌgrʉn]

puerto (m) (paso)	pass (n)	['pas]
meseta (f)	platå (n)	[pla'to]
roca (f)	klippe (m)	['klipə]
colina (f)	ås (m)	['ɔs]

glaciar (m)	bre, jøkel (m)	['bre], ['jøkəl]
cascada (f)	foss (m)	['fɔs]
geiser (m)	geysir (m)	['gɛjsir]
lago (m)	innsjø (m)	['in'ʂø]

llanura (f)	slette (m/f)	['ʂletə]
paisaje (m)	landskap (n)	['lanˌskap]
eco (m)	ekko (n)	['ɛkʊ]

alpinista (m)	**alpinist** (m)	[alpi'nist]
escalador (m)	**fjellklatrer** (m)	['fjɛl,klatrər]
conquistar (vt)	**å erobre**	[ɔ ɛ'rubrə]
ascensión (f)	**bestigning** (m/f)	[be'stigniŋ]

128. Los nombres de las montañas

Alpes (m pl)	**Alpene**	['alpenə]
Montblanc (m)	**Mont Blanc**	[,mɔn'blan]
Pirineos (m pl)	**Pyreneene**	[pyre'neːənə]
Cárpatos (m pl)	**Karpatene**	[kar'patenə]
Urales (m pl)	**Uralfjellene**	[ʉ'ral ,fjɛlenə]
Cáucaso (m)	**Kaukasus**	['kaʉkasʉs]
Elbrus (m)	**Elbrus**	[ɛl'brʉs]
Altai (m)	**Altaj**	[al'taj]
Tian-Shan (m)	**Tien Shan**	[ti'en,san]
Pamir (m)	**Pamir**	[pa'mir]
Himalayos (m pl)	**Himalaya**	[hima'laja]
Everest (m)	**Everest**	['ɛve'rɛst]
Andes (m pl)	**Andes**	['andəs]
Kilimanjaro (m)	**Kilimanjaro**	[kiliman'dʂarʉ]

129. Los ríos

río (m)	**elv** (m/f)	['ɛlv]
manantial (m)	**kilde** (m)	['çildə]
lecho (m) (curso de agua)	**elveleie** (n)	['ɛlvə,læje]
cuenca (f) fluvial	**flodbasseng** (n)	['flʊd ba,seŋ]
desembocar en ...	**å munne ut ...**	[ɔ 'mʉnə ʉt ...]
afluente (m)	**bielv** (m/f)	['bi,elv]
ribera (f)	**bredd** (m)	['brɛd]
corriente (f)	**strøm** (m)	['strøm]
río abajo (adv)	**medstrøms**	['me,strøms]
río arriba (adv)	**motstrøms**	['mʊt,strøms]
inundación (f)	**oversvømmelse** (m)	['ɔve,svœmelsə]
riada (f)	**flom** (m)	['flɔm]
desbordarse (vr)	**å overflø**	[ɔ 'ɔver,flø]
inundar (vt)	**å oversvømme**	[ɔ 'ɔve,svœmə]
bajo (m) arenoso	**grunne** (m/f)	['grʉnə]
rápido (m)	**stryk** (m/n)	['stryk]
presa (f)	**demning** (m)	['dɛmniŋ]
canal (m)	**kanal** (m)	[ka'nal]
lago (m) artificiale	**reservoar** (n)	[resɛrvʊ'ar]
esclusa (f)	**sluse** (m)	['ʂlʉsə]

cuerpo (m) de agua	**vannmasse** (m)	['vɑn‚mɑsə]
pantano (m)	**myr, sump** (m)	['myr], ['sʉmp]
ciénaga (f)	**hengemyr** (m)	['hɛŋe‚myr]
remolino (m)	**virvel** (m)	['virvəl]
arroyo (m)	**bekk** (m)	['bɛk]
potable (adj)	**drikke-**	['drikə-]
dulce (agua ~)	**fersk-**	['fæʂk-]
hielo (m)	**is** (m)	['is]
helarse (el lago, etc.)	**å fryse til**	[ɔ 'frysə til]

130. Los nombres de los ríos

Sena (m)	**Seine**	['sɛːn]
Loira (m)	**Loire**	[lu'ɑːr]
Támesis (m)	**Themsen**	['tɛmsən]
Rin (m)	**Rhinen**	['riːnən]
Danubio (m)	**Donau**	['dɔnaʉ]
Volga (m)	**Volga**	['vɔlgɑ]
Don (m)	**Don**	['dɔn]
Lena (m)	**Lena**	['lenɑ]
Río (m) Amarillo	**Huang He**	[‚hwɑn'hɛ]
Río (m) Azul	**Yangtze**	['jaɳtse]
Mekong (m)	**Mekong**	[me'kɔŋ]
Ganges (m)	**Ganges**	['gɑŋes]
Nilo (m)	**Nilen**	['nilən]
Congo (m)	**Kongo**	['kɔngʉ]
Okavango (m)	**Okavango**	[ʉkɑ'vɑngʉ]
Zambeze (m)	**Zambezi**	[sɑm'besi]
Limpopo (m)	**Limpopo**	[limpɔ'pɔ]
Misisipi (m)	**Mississippi**	['misi'sipi]

131. El bosque

bosque (m)	**skog** (m)	['skʉg]
de bosque (adj)	**skog-**	['skʉg-]
espesura (f)	**tett skog** (n)	['tɛt ‚skʉg]
bosquecillo (m)	**lund** (m)	['lʉn]
claro (m)	**glenne** (m/f)	['glenə]
maleza (f)	**krattskog** (m)	['krɑt‚skʉg]
matorral (m)	**kratt** (n)	['krɑt]
senda (f)	**sti** (m)	['sti]
barranco (m)	**ravine** (m)	[rɑ'vinə]
árbol (m)	**tre** (n)	['trɛ]

hoja (f)	blad (n)	['bla]
follaje (m)	løv (n)	['løv]
caída (f) de hojas	løvfall (n)	['løv‚fal]
caer (las hojas)	å falle	[ɔ 'falə]
cima (f)	tretopp (m)	['trɛ‚tɔp]
rama (f)	kvist, gren (m)	['kvist], ['gren]
rama (f) (gruesa)	gren, grein (m/f)	['gren], ['græjn]
brote (m)	knopp (m)	['knɔp]
aguja (f)	nål (m/f)	['nɔl]
piña (f)	kongle (m/f)	['kuŋlə]
agujero (m)	trehull (n)	['trɛ‚hʉl]
nido (m)	reir (n)	['ræjr]
tronco (m)	stamme (m)	['stamə]
raíz (f)	rot (m/f)	['rʊt]
corteza (f)	bark (m)	['bark]
musgo (m)	mose (m)	['mʊsə]
extirpar (vt)	å rykke opp med roten	[ɔ 'rʏkə ɔp me 'rutən]
talar (vt)	å felle	[ɔ 'fɛlə]
deforestar (vt)	å hogge ned	[ɔ 'hɔgə 'ne]
tocón (m)	stubbe (m)	['stʉbə]
hoguera (f)	bål (n)	['bɔl]
incendio (m) forestal	skogbrann (m)	['skʊg‚bran]
apagar (~ el incendio)	å slokke	[ɔ 'ʂløkə]
guarda (m) forestal	skogvokter (m)	['skʊg‚vɔktər]
protección (f)	vern (n), beskyttelse (m)	['væːɳ], ['be'ʂytəlsə]
proteger (vt)	å beskytte	[ɔ be'ʂytə]
cazador (m) furtivo	tyvskytter (m)	['tyf‚ʂytər]
cepo (m)	saks (m/f)	['saks]
recoger (setas, bayas)	å plukke	[ɔ 'plʉkə]
perderse (vr)	å gå seg vill	[ɔ 'gɔ sæj 'vil]

132. Los recursos naturales

recursos (m pl) naturales	naturressurser (m pl)	[na'tur rɛ'sʉsər]
recursos (m pl) subterráneos	mineraler (n pl)	[minə'ralər]
depósitos (m pl)	forekomster (m pl)	['fɔrə‚kɔmstər]
yacimiento (m)	felt (m)	['fɛlt]
extraer (vt)	å utvinne	[ɔ 'ʉt‚vinə]
extracción (f)	utvinning (m/f)	['ʉt‚viniŋ]
mena (f)	malm (m)	['malm]
mina (f)	gruve (m/f)	['grʉvə]
pozo (m) de mina	gruvesjakt (m/f)	['grʉvə‚ʂakt]
minero (m)	gruvearbeider (m)	['grʉvə'ar‚bæjdər]
gas (m)	gass (m)	['gas]
gasoducto (m)	gassledning (m)	['gas‚ledniŋ]

petróleo (m)	olje (m)	['ɔljə]
oleoducto (m)	oljeledning (m)	['ɔljə,ledniŋ]
pozo (m) de petróleo	oljebrønn (m)	['ɔljə,brœn]
torre (f) de sondeo	boretårn (n)	['boːrə,tɔːn]
petrolero (m)	tankskip (n)	['taŋk,ʂip]
arena (f)	sand (m)	['san]
caliza (f)	kalkstein (m)	['kalk,stæjn]
grava (f)	grus (m)	['grʉs]
turba (f)	torv (m/f)	['tɔrv]
arcilla (f)	leir (n)	['læjr]
carbón (m)	kull (n)	['kʉl]
hierro (m)	jern (n)	['jæːn̩]
oro (m)	gull (n)	['gʉl]
plata (f)	sølv (n)	['søl]
níquel (m)	nikkel (m)	['nikəl]
cobre (m)	kobber (n)	['kɔbər]
zinc (m)	sink (m/n)	['sink]
manganeso (m)	mangan (m/n)	[ma'ŋan]
mercurio (m)	kvikksølv (n)	['kvik,søl]
plomo (m)	bly (n)	['bly]
mineral (m)	mineral (n)	[minə'ral]
cristal (m)	krystall (m/n)	[kry'stal]
mármol (m)	marmor (m/n)	['marmʉr]
uranio (m)	uran (m/n)	[ʉ'ran]

La tierra. Unidad 2

tiempo (m)	**vær** (n)	['vær]
previsión (f) del tiempo	**værvarsel** (n)	['vær͵vaʂəl]
temperatura (f)	**temperatur** (m)	[tɛmpəra'tʉr]
termómetro (m)	**termometer** (n)	[tɛrmʉ'metər]
barómetro (m)	**barometer** (n)	[barʉ'metər]
húmedo (adj)	**fuktig**	['fʉkti]
humedad (f)	**fuktighet** (m)	['fʉkti͵het]
bochorno (m)	**hete** (m)	['he:tə]
tórrido (adj)	**het**	['het]
hace mucho calor	**det er hett**	[de ær 'het]
hace calor (templado)	**det er varmt**	[de ær 'varmt]
templado (adj)	**varm**	['varm]
hace frío	**det er kaldt**	[de ær 'kalt]
frío (adj)	**kald**	['kal]
sol (m)	**sol** (m/f)	['sʉl]
brillar (vi)	**å skinne**	[ɔ 'ʂinə]
soleado (un día ~)	**solrik**	['sʉl͵rik]
elevarse (el sol)	**å gå opp**	[ɔ 'gɔ ɔp]
ponerse (vr)	**å gå ned**	[ɔ 'gɔ ne]
nube (f)	**sky** (m)	['ʂy]
nuboso (adj)	**skyet**	['ʂy:ət]
nubarrón (m)	- **regnsky** (m/f)	['ræjn͵ʂy]
nublado (adj)	**mørk**	['mœrk]
lluvia (f)	**regn** (n)	['ræjn]
está lloviendo	**det regner**	[de 'ræjnər]
lluvioso (adj)	**regnværs-**	['ræjn͵væʂ-]
lloviznar (vi)	**å småregne**	[ɔ 'smo:ræjnə]
aguacero (m)	**piskende regn** (n)	['piskenə ͵ræjn]
chaparrón (m)	**styrtregn** (n)	['sty:ʈ͵ræjn]
fuerte (la lluvia ~)	**kraftig, sterk**	['krafti], ['stærk]
charco (m)	**vannpytt** (m)	['van͵pʏt]
mojarse (vr)	**å bli våt**	[ɔ 'bli 'vot]
niebla (f)	**tåke** (m/f)	['to:kə]
nebuloso (adj)	**tåke**	['to:kə]
nieve (f)	**snø** (m)	['snø]
está nevando	**det snør**	[de 'snør]

134. Los eventos climáticos severos. Los desastres naturales

tormenta (f)	tordenvær (n)	['tʊrdən‚vær]
relámpago (m)	lyn (n)	['lyn]
relampaguear (vi)	å glimte	[ɔ 'glimtə]
trueno (m)	torden (m)	['tʊrdən]
tronar (vi)	å tordne	[ɔ 'tʊrdnə]
está tronando	det tordner	[de 'tʊrdnər]
granizo (m)	hagle (m/f)	['haglə]
está granizando	det hagler	[de 'haglər]
inundar (vt)	å oversvømme	[ɔ 'ɔvə‚svœmə]
inundación (f)	oversvømmelse (m)	['ɔvə‚svœmelsə]
terremoto (m)	jordskjelv (n)	['juːr‚ʂɛlv]
sacudida (f)	skjelv (n)	['ʂɛlv]
epicentro (m)	episenter (n)	[ɛpi'sɛntər]
erupción (f)	utbrudd (n)	['ʉt‚brʉd]
lava (f)	lava (m)	['lava]
torbellino (m)	skypumpe (m/f)	['ʂy‚pʉmpə]
tornado (m)	tornado (m)	[tʊː'ŋadʉ]
tifón (m)	tyfon (m)	[ty'fʉn]
huracán (m)	orkan (m)	[ɔr'kan]
tempestad (f)	storm (m)	['stɔrm]
tsunami (m)	tsunami (m)	[tsʉ'nami]
ciclón (m)	syklon (m)	[sy'klun]
mal tiempo (m)	uvær (n)	['ʉː‚vær]
incendio (m)	brann (m)	['bran]
catástrofe (f)	katastrofe (m)	[kata'strofə]
meteorito (m)	meteoritt (m)	[meteʉ'rit]
avalancha (f)	lavine (m)	[la'vinə]
alud (m) de nieve	snøskred, snøras (n)	['snø‚skred], ['snøras]
ventisca (f)	snøstorm (m)	['snø‚stɔrm]
nevasca (f)	snøstorm (m)	['snø‚stɔrm]

La fauna

135. Los mamíferos. Los predadores

carnívoro (m)	**rovdyr** (n)	['rɔvˌdyr]
tigre (m)	**tiger** (m)	['tigər]
león (m)	**løve** (m/f)	['løve]
lobo (m)	**ulv** (m)	['ʉlv]
zorro (m)	**rev** (m)	['rev]
jaguar (m)	**jaguar** (m)	[jagʉ'ar]
leopardo (m)	**leopard** (m)	[leʉ'pard]
guepardo (m)	**gepard** (m)	[ge'pard]
pantera (f)	**panter** (m)	['pantər]
puma (f)	**puma** (m)	['pʉma]
leopardo (m) de las nieves	**snøleopard** (m)	['snø leʉ'pard]
lince (m)	**gaupe** (m/f)	['gaʉpə]
coyote (m)	**coyote, prærieulv** (m)	[kɔ'jotə], ['præriˌʉlv]
chacal (m)	**sjakal** (m)	[ʂa'kal]
hiena (f)	**hyene** (m)	[hy'enə]

136. Los animales salvajes

animal (m)	**dyr** (n)	['dyr]
bestia (f)	**best, udyr** (n)	['bɛst], ['ʉˌdyr]
ardilla (f)	**ekorn** (n)	['ɛkʉːɳ]
erizo (m)	**pinnsvin** (n)	['pinˌsvin]
liebre (f)	**hare** (m)	['harə]
conejo (m)	**kanin** (m)	[ka'nin]
tejón (m)	**grevling** (m)	['grɛvliŋ]
mapache (m)	**vaskebjørn** (m)	['vaskəˌbjœːɳ]
hámster (m)	**hamster** (m)	['hamstər]
marmota (f)	**murmeldyr** (n)	['mʉrməlˌdyr]
topo (m)	**muldvarp** (m)	['mʉlˌvarp]
ratón (m)	**mus** (m/f)	['mʉs]
rata (f)	**rotte** (m/f)	['rɔtə]
murciélago (m)	**flaggermus** (m/f)	['flagərˌmʉs]
armiño (m)	**røyskatt** (m)	['røjskat]
cebellina (f)	**sobel** (m)	['sʉbəl]
marta (f)	**mår** (m)	['mor]
comadreja (f)	**snømus** (m/f)	['snøˌmʉs]
visón (m)	**mink** (m)	['mink]

| castor (m) | bever (m) | ['bevər] |
| nutria (f) | oter (m) | ['ʊtər] |

caballo (m)	hest (m)	['hɛst]
alce (m)	elg (m)	['ɛlg]
ciervo (m)	hjort (m)	['jɔːt]
camello (m)	kamel (m)	[ka'mel]

bisonte (m)	bison (m)	['bisɔn]
uro (m)	urokse (m)	['ʉr͵ʊksə]
búfalo (m)	bøffel (m)	['bøfəl]

cebra (f)	sebra (m)	['sebra]
antílope (m)	antilope (m)	[anti'lʊpə]
corzo (m)	rådyr (n)	['rɔ͵dyr]
gamo (m)	dåhjort, dådyr (n)	['dɔ͵jɔːt], ['dɔ͵dyr]
gamuza (f)	gemse (m)	['gɛmsə]
jabalí (m)	villsvin (n)	['vil͵svin]

ballena (f)	hval (m)	['val]
foca (f)	sel (m)	['sel]
morsa (f)	hvalross (m)	['val͵rɔs]
oso (m) marino	pelssel (m)	['pɛls͵sel]
delfín (m)	delfin (m)	[dɛl'fin]

oso (m)	bjørn (m)	['bjœːn]
oso (m) blanco	isbjørn (m)	['is͵bjœːn]
panda (f)	panda (m)	['panda]

mono (m)	ape (m/f)	['ape]
chimpancé (m)	sjimpanse (m)	[ʂim'pansə]
orangután (m)	orangutang (m)	[ʊ'raŋgʉ͵taŋ]
gorila (m)	gorilla (m)	[gɔ'rila]
macaco (m)	makak (m)	[ma'kak]
gibón (m)	gibbon (m)	['gibʊn]

elefante (m)	elefant (m)	[ɛle'fant]
rinoceronte (m)	neshorn (n)	['nes͵huːn]
jirafa (f)	sjiraff (m)	[ʂi'raf]
hipopótamo (m)	flodhest (m)	['flʊd͵hɛst]

| canguro (m) | kenguru (m) | ['kɛŋgʉrʉ] |
| koala (f) | koala (m) | [kʊ'ala] |

mangosta (f)	mangust, mungo (m)	[maŋ'gʉst], ['mʉŋgu]
chinchilla (f)	chinchilla (m)	[ʂin'ʂila]
mofeta (f)	skunk (m)	['skunk]
espín (m)	hulepinnsvin (n)	['hʉlə͵pinsvin]

137. Los animales domésticos

gata (f)	katt (m)	['kat]
gato (m)	hannkatt (m)	['han͵kat]
perro (m)	hund (m)	['hʉŋ]

caballo (m)	hest (m)	['hɛst]
garañón (m)	hingst (m)	['hiŋst]
yegua (f)	hoppe, merr (m/f)	['hɔpə], ['mɛr]
vaca (f)	ku (f)	['kʉ]
toro (m)	tyr (m)	['tyr]
buey (m)	okse (m)	['ɔksə]
oveja (f)	sau (m)	['saʉ]
carnero (m)	vær, saubukk (m)	['vær], ['saʉˌbʉk]
cabra (f)	geit (m/f)	['jæjt]
cabrón (m)	geitebukk (m)	['jæjtəˌbʉk]
asno (m)	esel (n)	['ɛsəl]
mulo (m)	muldyr (n)	['mʉlˌdyr]
cerdo (m)	svin (n)	['svin]
cerdito (m)	gris (m)	['gris]
conejo (m)	kanin (m)	[ka'nin]
gallina (f)	høne (m/f)	['hønə]
gallo (m)	hane (m)	['hanə]
pato (m)	and (m/f)	['an]
ánade (m)	andrik (m)	['andrik]
ganso (m)	gås (m/f)	['gɔs]
pavo (m)	kalkunhane (m)	[kal'kʉnˌhanə]
pava (f)	kalkunhøne (m/f)	[kal'kʉnˌhønə]
animales (m pl) domésticos	husdyr (n pl)	['hʉsˌdyr]
domesticado (adj)	tam	['tam]
domesticar (vt)	å temme	[ɔ 'tɛmə]
criar (vt)	å avle, å oppdrette	[ɔ 'avlə], [ɔ 'ɔpˌdrɛtə]
granja (f)	farm, gård (m)	['farm], ['gɔːr]
aves (f pl) de corral	fjærfe (n)	['fjærˌfɛ]
ganado (m)	kveg (n)	['kvɛg]
rebaño (m)	flokk, bøling (m)	['flɔk], ['bøliŋ]
caballeriza (f)	stall (m)	['stal]
porqueriza (f)	grisehus (n)	['grisəˌhʉs]
vaquería (f)	kufjøs (m/n)	['kuˌfjøs]
conejal (m)	kaninbur (n)	[ka'ninˌbʉr]
gallinero (m)	hønsehus (n)	['hønsəˌhʉs]

138. Los pájaros

pájaro (m)	fugl (m)	['fʉl]
paloma (f)	due (m/f)	['dʉə]
gorrión (m)	spurv (m)	['spʉrv]
carbonero (m)	kjøttmeis (m/f)	['çœtˌmæjs]
urraca (f)	skjære (m/f)	['şærə]
cuervo (m)	ravn (m)	['rɑvn]

corneja (f)	kråke (m)	['kro:kə]
chova (f)	kaie (m/f)	['kajə]
grajo (m)	kornkråke (m/f)	['kʊːŋˌkroːkə]

pato (m)	and (m/f)	['ɑn]
ganso (m)	gås (m/f)	['gɔs]
faisán (m)	fasan (m)	[fa'sɑn]

águila (f)	ørn (m/f)	['œːŋ]
azor (m)	hauk (m)	['haʊk]
halcón (m)	falk (m)	['falk]
buitre (m)	gribb (m)	['grib]
cóndor (m)	kondor (m)	[kʊn'dʊr]

cisne (m)	svane (m/f)	['svanə]
grulla (f)	trane (m/f)	['tranə]
cigüeña (f)	stork (m)	['stɔrk]

loro (m), papagayo (m)	papegøye (m)	[pape'gøjə]
colibrí (m)	kolibri (m)	[kʊ'libri]
pavo (m) real	påfugl (m)	['pɔˌfʉl]

avestruz (m)	struts (m)	['strʉts]
garza (f)	hegre (m)	['hæjrə]
flamenco (m)	flamingo (m)	[fla'mingʊ]
pelícano (m)	pelikan (m)	[peli'kan]

| ruiseñor (m) | nattergal (m) | ['natərˌgal] |
| golondrina (f) | svale (m/f) | ['svalə] |

tordo (m)	trost (m)	['trʊst]
zorzal (m)	måltrost (m)	['moːlˌtrʊst]
mirlo (m)	svarttrost (m)	['svɑːˌtrʊst]

vencejo (m)	tårnseiler (m), tårnsvale (m/f)	['tɔːŋˌsæjlə], ['tɔːŋˌsvalə]
alondra (f)	lerke (m/f)	['lærkə]
codorniz (f)	vaktel (m)	['vaktəl]

pájaro carpintero (m)	hakkespett (m)	['hakəˌspɛt]
cuco (m)	gjøk, gauk (m)	['jøk], ['gaʊk]
lechuza (f)	ugle (m/f)	['ʉglə]
búho (m)	hubro (m)	['hʉbrʊ]
urogallo (m)	storfugl (m)	['stʊrˌfʉl]
gallo lira (m)	orrfugl (m)	['ɔrˌfʉl]
perdiz (f)	rapphøne (m/f)	['rapˌhønə]

estornino (m)	stær (m)	['stær]
canario (m)	kanarifugl (m)	[ka'nariˌfʉl]
ortega (f)	jerpe (m/f)	['jærpə]

| pinzón (m) | bokfink (m) | ['bʊkˌfink] |
| camachuelo (m) | dompap (m) | ['dʊmpap] |

gaviota (f)	måke (m/f)	['moːkə]
albatros (m)	albatross (m)	['albaˌtrɔs]
pingüino (m)	pingvin (m)	[piŋ'vin]

139. Los peces. Los animales marinos

brema (f)	brasme (m/f)	['brɑsmə]
carpa (f)	karpe (m)	['kɑrpə]
perca (f)	åbor (m)	['obɔr]
siluro (m)	malle (m)	['mɑlə]
lucio (m)	gjedde (m/f)	['jɛdə]

| salmón (m) | laks (m) | ['lɑks] |
| esturión (m) | stør (m) | ['stør] |

arenque (m)	sild (m/f)	['sil]
salmón (m) del Atlántico	atlanterhavslaks (m)	[ɑt'lɑntərhɑfs,lɑks]
caballa (f)	makrell (m)	[mɑ'krɛl]
lenguado (m)	rødspette (m/f)	['rø,spɛtə]

lucioperca (f)	gjørs (m)	['jøːʂ]
bacalao (m)	torsk (m)	['tɔʂk]
atún (m)	tunfisk (m)	['tʉn,fisk]
trucha (f)	ørret (m)	['øret]

anguila (f)	ål (m)	['ɔl]
raya (f) eléctrica	elektrisk rokke (m/f)	[ɛ'lektrisk ,rɔkə]
morena (f)	murene (m)	[mʉ'rɛnə]
piraña (f)	piraja (m)	[pi'rɑjɑ]

tiburón (m)	hai (m)	['hɑj]
delfín (m)	delfin (m)	[dɛl'fin]
ballena (f)	hval (m)	['vɑl]

centolla (f)	krabbe (m)	['krɑbə]
medusa (f)	manet (m/f), meduse (m)	['mɑnet], [me'dʉsə]
pulpo (m)	blekksprut (m)	['blek,sprʉt]

estrella (f) de mar	sjøstjerne (m/f)	['ʂø,stjæːɳə]
erizo (m) de mar	sjøpinnsvin (n)	['ʂøː'pin,svin]
caballito (m) de mar	sjøhest (m)	['ʂø,hɛst]

ostra (f)	østers (m)	['østəʂ]
camarón (m)	reke (m/f)	['rekə]
bogavante (m)	hummer (m)	['hʉmər]
langosta (f)	langust (m)	[lɑŋ'gʉst]

140. Los anfibios. Los reptiles

| serpiente (f) | slange (m) | ['ʂlɑŋə] |
| venenoso (adj) | giftig | ['jifti] |

víbora (f)	hoggorm, huggorm (m)	['hʉg,ɔrm], ['hʉg,ɔrm]
cobra (f)	kobra (m)	['kʉbrɑ]
pitón (m)	pyton (m)	['pytɔn]
boa (f)	boaslange (m)	['bɔɑ,slɑŋə]
culebra (f)	snok (m)	['snʉk]

| serpiente (m) de cascabel | klapperslange (m) | ['klapə‚slaŋə] |
| anaconda (f) | anakonda (m) | [ana'kɔnda] |

lagarto (m)	øgle (m/f)	['øglə]
iguana (f)	iguan (m)	[igʉ'an]
varano (m)	varan (n)	[va'ran]
salamandra (f)	salamander (m)	[sala'mandər]
camaleón (m)	kameleon (m)	[kaməle'ʉn]
escorpión (m)	skorpion (m)	[skɔrpi'ʉn]

tortuga (f)	skilpadde (m/f)	['ʂil‚padə]
rana (f)	frosk (m)	['frɔsk]
sapo (m)	padde (m/f)	['padə]
cocodrilo (m)	krokodille (m)	[krʉkə'dilə]

141. Los insectos

insecto (m)	insekt (n)	['insɛkt]
mariposa (f)	sommerfugl (m)	['sɔmər‚fʉl]
hormiga (f)	maur (m)	['maʉr]
mosca (f)	flue (m/f)	['flʉə]
mosquito (m) (picadura de ~)	mygg (m)	['mʏg]
escarabajo (m)	bille (m)	['bilə]

avispa (f)	veps (m)	['vɛps]
abeja (f)	bie (m/f)	['biə]
abejorro (m)	humle (m/f)	['hʉmlə]
moscardón (m)	brems (m)	['brɛms]

| araña (f) | edderkopp (m) | ['ɛdər‚kɔp] |
| telaraña (f) | edderkoppnett (n) | ['ɛdərkɔp‚nɛt] |

libélula (f)	øyenstikker (m)	['øjən‚stikər]
saltamontes (m)	gresshoppe (m/f)	['grɛs‚hɔpə]
mariposa (f) nocturna	nattsvermer (m)	['nat‚sværmər]

cucaracha (f)	kakerlakk (m)	[kake'lak]
garrapata (f)	flått, midd (m)	['flɔt], ['mid]
pulga (f)	loppe (f)	['lɔpə]
mosca (f) negra	knott (m)	['knɔt]

langosta (f)	vandgresshoppe (m/f)	['van 'grɛs‚hɔpə]
caracol (m)	snegl (m)	['snæjl]
grillo (m)	siriss (m)	['si‚ris]
luciérnaga (f)	ildflue (m/f), lysbille (m)	['il‚flʉe], ['lys‚bilə]
mariquita (f)	marihøne (m/f)	['mari‚hønə]
sanjuanero (m)	oldenborre (f)	['ɔldən‚bɔrə]

sanguijuela (f)	igle (m/f)	['iglə]
oruga (f)	sommerfugllarve (m/f)	['sɔmərfʉl‚larvə]
lombriz (m) de tierra	meitemark (m)	['mæjtə‚mark]
larva (f)	larve (m/f)	['larvə]

La flora

árbol (m)	tre (n)	['trɛ]
foliáceo (adj)	løv-	['løv-]
conífero (adj)	bar-	['bɑr-]
de hoja perenne	eviggrønt	['ɛvi,grœnt]
manzano (m)	epletre (n)	['ɛplə,trɛ]
peral (m)	pæretre (n)	['pærə,trɛ]
cerezo (m)	morelltre (n)	[mʊ'rɛl,trɛ]
guindo (m)	kirsebærtre (n)	['çiʂəbær,trɛ]
ciruelo (m)	plommetre (n)	['plʊmə,trɛ]
abedul (m)	bjørk (f)	['bjœrk]
roble (m)	eik (f)	['æjk]
tilo (m)	lind (m/f)	['lin]
pobo (m)	osp (m/f)	['ɔsp]
arce (m)	lønn (m/f)	['lœn]
pícea (f)	gran (m/f)	['grɑn]
pino (m)	furu (m/f)	['fʉrʉ]
alerce (m)	lerk (m)	['lærk]
abeto (m)	edelgran (m/f)	['ɛdəl,grɑn]
cedro (m)	seder (m)	['sedər]
álamo (m)	poppel (m)	['pɔpəl]
serbal (m)	rogn (m/f)	['rɔŋn]
sauce (m)	pil (m/f)	['pil]
aliso (m)	or, older (m/f)	['ʊr], ['ɔldər]
haya (f)	bøk (m)	['bøk]
olmo (m)	alm (m)	['ɑlm]
fresno (m)	ask (m/f)	['ɑsk]
castaño (m)	kastanjetre (n)	[kɑ'stɑnjə,trɛ]
magnolia (f)	magnolia (m)	[mɑŋ'nʉlia]
palmera (f)	palme (m)	['pɑlmə]
ciprés (m)	sypress (m)	[sʏ'prɛs]
mangle (m)	mangrove (m)	[mɑŋ'grʊvə]
baobab (m)	apebrødtre (n)	['ɑpebrø,trɛ]
eucalipto (m)	eukalyptus (m)	[ɛvkɑ'lyptʉs]
secoya (f)	sequoia (m)	['sek,vɔja]

mata (f)	busk (m)	['bʉsk]
arbusto (m)	busk (m)	['bʉsk]

| vid (f) | vinranke (m) | ['vin,rankə] |
| viñedo (m) | vinmark (m/f) | ['vin,mark] |

frambueso (m)	bringebærbusk (m)	['briŋə,bær busk]
grosellero (m) negro	solbærbusk (m)	['sulbær,busk]
grosellero (m) rojo	ripsbusk (m)	['rips,busk]
grosellero (m) espinoso	stikkelsbærbusk (m)	['stikəlsbær,busk]

acacia (f)	akasie (m)	[a'kasiə]
berberís (m)	berberis (m)	['bærberis]
jazmín (m)	sjasmin (m)	[ʂas'min]

enebro (m)	einer (m)	['æjnər]
rosal (m)	rosenbusk (m)	['rusən,busk]
escaramujo (m)	steinnype (m/f)	['stæjn,nypə]

144. Las frutas. Las bayas

fruto (m)	frukt (m/f)	['frukt]
frutos (m pl)	frukter (m/f pl)	['fruktər]
manzana (f)	eple (n)	['ɛplə]
pera (f)	pære (m/f)	['pærə]
ciruela (f)	plomme (m/f)	['plumə]

fresa (f)	jordbær (n)	['ju:r,bær]
guinda (f)	kirsebær (n)	['çiʂə,bær]
cereza (f)	morell (m)	[mu'rɛl]
uva (f)	drue (m)	['druə]

frambuesa (f)	bringebær (n)	['briŋə,bær]
grosella (f) negra	solbær (n)	['sul,bær]
grosella (f) roja	rips (m)	['rips]
grosella (f) espinosa	stikkelsbær (n)	['stikəls,bær]
arándano (m) agrio	tranebær (n)	['tranə,bær]

naranja (f)	appelsin (m)	[apel'sin]
mandarina (f)	mandarin (m)	[manda'rin]
piña (f)	ananas (m)	['ananas]

| banana (f) | banan (m) | [ba'nan] |
| dátil (m) | daddel (m) | ['dadəl] |

limón (m)	sitron (m)	[si'trun]
albaricoque (m)	aprikos (m)	[apri'kus]
melocotón (m)	fersken (m)	['fæʂkən]

| kiwi (m) | kiwi (m) | ['kivi] |
| toronja (f) | grapefrukt (m/f) | ['grɛjp,frukt] |

baya (f)	bær (n)	['bær]
bayas (f pl)	bær (n pl)	['bær]
arándano (m) rojo	tyttebær (n)	['tvtə,bær]
fresa (f) silvestre	markjordbær (n)	['mark ju:r,bær]
arándano (m)	blåbær (n)	['blo,bær]

145. Las flores. Las plantas

flor (f)	blomst (m)	['blɔmst]
ramo (m) de flores	bukett (m)	[bʉ'kɛt]
rosa (f)	rose (m/f)	['rʉsə]
tulipán (m)	tulipan (m)	[tʉli'pɑn]
clavel (m)	nellik (m)	['nɛlik]
gladiolo (m)	gladiolus (m)	[glɑdi'ɔlʉs]
aciano (m)	kornblomst (m)	['kʉːɳˌblɔmst]
campanilla (f)	blåklokke (m/f)	['blɔˌklɔkə]
diente (m) de león	løvetann (m/f)	['løvəˌtɑn]
manzanilla (f)	kamille (m)	[kɑ'milə]
áloe (m)	aloe (m)	['ɑlʉe]
cacto (m)	kaktus (m)	['kɑktʉs]
ficus (m)	gummiplante (m/f)	['gʉmiˌplɑntə]
azucena (f)	lilje (m)	['liljə]
geranio (m)	geranium (m)	[ge'rɑnium]
jacinto (m)	hyasint (m)	[hia'sint]
mimosa (f)	mimose (m/f)	[mi'mɔsə]
narciso (m)	narsiss (m)	[nɑ'ʂis]
capuchina (f)	blomkarse (m)	['blɔmˌkɑʂə]
orquídea (f)	orkidé (m)	[ɔrki'de]
peonía (f)	peon, pion (m)	[pe'ʊn], [pi'ʊn]
violeta (f)	fiol (m)	[fi'ʊl]
trinitaria (f)	stemorsblomst (m)	['stemʉʂˌblɔmst]
nomeolvides (f)	forglemmegei (m)	[fɔr'gleməˌjæj]
margarita (f)	tusenfryd (m)	['tʉsənˌfryd]
amapola (f)	valmue (m)	['vɑlmʉe]
cáñamo (m)	hamp (m)	['hɑmp]
menta (f)	mynte (m/f)	['mʏntə]
muguete (m)	liljekonvall (m)	['liljə kɔn'vɑl]
campanilla (f) de las nieves	snøklokke (m/f)	['snøˌklɔkə]
ortiga (f)	nesle (m/f)	['nɛslə]
acedera (f)	syre (m/f)	['syrə]
nenúfar (m)	nøkkerose (m/f)	['nøkəˌrʉse]
helecho (m)	bregne (m/f)	['brɛjnə]
liquen (m)	lav (m/n)	['lɑv]
invernadero (m) tropical	drivhus (n)	['drivˌhʉs]
césped (m)	gressplen (m)	['grɛsˌplen]
macizo (m) de flores	blomsterbed (n)	['blɔmstərˌbed]
planta (f)	plante (m/f), vekst (m)	['plɑntə], ['vɛkst]
hierba (f)	gras (n)	['grɑs]
hoja (f) de hierba	grasstrå (n)	['grɑsˌstrɔ]

hoja (f)	**blad** (n)	['blɑ]
pétalo (m)	**kronblad** (n)	['krɔnˌblɑ]
tallo (m)	**stilk** (m)	['stilk]
tubérculo (m)	**rotknoll** (m)	['rʊtˌknɔl]

retoño (m)	**spire** (m/f)	['spirə]
espina (f)	**torn** (m)	['tʊːɳ]

florecer (vi)	**å blomstre**	[ɔ 'blɔmstrə]
marchitarse (vr)	**å visne**	[ɔ 'visnə]
olor (m)	**lukt** (m/f)	['lʉkt]
cortar (vt)	**å skjære av**	[ɔ 'ʂæːrə ɑː]
coger (una flor)	**å plukke**	[ɔ 'plʉkə]

146. Los cereales, los granos

grano (m)	**korn** (n)	['kʊːɳ]
cereales (m pl) (plantas)	**cerealer** (n pl)	[sere'ɑlər]
espiga (f)	**aks** (n)	['ɑks]

trigo (m)	**hvete** (m)	['vetə]
centeno (m)	**rug** (m)	['rʉg]
avena (f)	**havre** (m)	['hɑvrə]
mijo (m)	**hirse** (m)	['hiʂə]
cebada (f)	**bygg** (m/n)	['bʏg]

maíz (m)	**mais** (m)	['mais]
arroz (m)	**ris** (m)	['ris]
alforfón (m)	**bokhvete** (m)	['bʊkˌvetə]

guisante (m)	**ert** (m/f)	['æːt]
fréjol (m)	**bønne** (m/f)	['bœnə]
soya (f)	**soya** (m)	['sɔja]
lenteja (f)	**linse** (m/f)	['linsə]
habas (f pl)	**bønner** (m/f pl)	['bœnər]

LOS PAÍSES. LAS NACIONALIDADES

147. Europa occidental

| Europa (f) | Europa | [ɛʊˈrʊpa] |
| Unión (f) Europea | Den Europeiske Union | [den ɛʊrʊˈpɛiskə ʉniˈɔn] |

Austria (f)	Østerrike	[ˈøstəˌrikə]
Gran Bretaña (f)	Storbritannia	[ˈstʊr briˌtania]
Inglaterra (f)	England	[ˈɛŋlan]
Bélgica (f)	Belgia	[ˈbɛlgia]
Alemania (f)	Tyskland	[ˈtʏsklan]

Países Bajos (m pl)	Nederland	[ˈnedəˌlan]
Holanda (f)	Holland	[ˈhɔlan]
Grecia (f)	Hellas	[ˈhɛlas]
Dinamarca (f)	Danmark	[ˈdanmark]
Irlanda (f)	Irland	[ˈirlan]
Islandia (f)	Island	[ˈislan]

España (f)	Spania	[ˈspania]
Italia (f)	Italia	[iˈtalia]
Chipre (m)	Kypros	[ˈkʏprʊs]
Malta (f)	Malta	[ˈmalta]

Noruega (f)	Norge	[ˈnɔrgə]
Portugal (m)	Portugal	[pɔːʈʉˈgal]
Finlandia (f)	Finland	[ˈfinlan]
Francia (f)	Frankrike	[ˈfrankrikə]

Suecia (f)	Sverige	[ˈsværiə]
Suiza (f)	Sveits	[ˈsvæjts]
Escocia (f)	Skottland	[ˈskɔtlan]

Vaticano (m)	Vatikanet	[ˈvatiˌkane]
Liechtenstein (m)	Liechtenstein	[ˈlihtɛnʂtæjn]
Luxemburgo (m)	Luxembourg	[ˈlʉksɛmˌbʉrg]
Mónaco (m)	Monaco	[mʊˈnakʊ]

148. Europa central y oriental

Albania (f)	Albania	[alˈbania]
Bulgaria (f)	Bulgaria	[bʉlˈgaria]
Hungría (f)	Ungarn	[ˈʉŋaːɳ]
Letonia (f)	Latvia	[ˈlatvia]

| Lituania (f) | Litauen | [ˈliˌtaʊən] |
| Polonia (f) | Polen | [ˈpʊlen] |

Rumania (f)	Romania	[rʊ'mɑniɑ]
Serbia (f)	Serbia	['særbiɑ]
Eslovaquia (f)	Slovakia	[ʂlʊ'vɑkiɑ]

Croacia (f)	Kroatia	[krʊ'ɑtiɑ]
Chequia (f)	Tsjekkia	['tʂɛkijɑ]
Estonia (f)	Estland	['ɛstlɑn]

Bosnia y Herzegovina	Bosnia-Hercegovina	['bɔsniɑ hersegɔ̩vinɑ]
Macedonia	Makedonia	[mɑke'dɔniɑ]
Eslovenia	Slovenia	[ʂlʊ'veniɑ]
Montenegro (m)	Montenegro	['mɔntə̩nɛgrʊ]

149. Los países de la antes Unión Soviética

| Azerbaiyán (m) | Aserbajdsjan | [ɑserbɑjd'ʂɑn] |
| Armenia (f) | Armenia | [ɑr'meniɑ] |

Bielorrusia (f)	Hviterussland	['vitə̩rʉslɑn]
Georgia (f)	Georgia	[ge'ɔrgiɑ]
Kazajstán (m)	Kasakhstan	[kɑ'sɑk̩stɑn]
Kirguizistán (m)	Kirgisistan	[kir'gisi̩stɑn]
Moldavia (f)	Moldova	[mɔl'dɔvɑ]

| Rusia (f) | Russland | ['rʉslɑn] |
| Ucrania (f) | Ukraina | [ʉkrɑ'inɑ] |

Tayikistán (m)	Tadsjikistan	[tɑ'dʂiki̩stɑn]
Turkmenistán (m)	Turkmenistan	[tʉrk'meni̩stɑn]
Uzbekistán (m)	Usbekistan	[ʉs'beki̩stɑn]

150. Asia

Asia (f)	Asia	['ɑsiɑ]
Vietnam (m)	Vietnam	['vjɛtnɑm]
India (f)	India	['indiɑ]
Israel (m)	Israel	['isrɑel]

China (f)	Kina	['çinɑ]
Líbano (m)	Libanon	['libɑnɔn]
Mongolia (f)	Mongolia	[mʊŋ'guliɑ]

| Malasia (f) | Malaysia | [mɑ'lɑjsiɑ] |
| Pakistán (m) | Pakistan | ['pɑki̩stɑn] |

Arabia (f) Saudita	Saudi-Arabia	['sɑʊdi ɑ'rɑbiɑ]
Tailandia (f)	Thailand	['tɑjlɑn]
Taiwán (m)	Taiwan	['tɑj̩vɑn]
Turquía (f)	Tyrkia	[tyrkiɑ]

| Japón (m) | Japan | ['jɑpɑn] |
| Afganistán (m) | Afghanistan | [ɑf'gɑni̩stɑn] |

Bangladesh (m)	**Bangladesh**	[bɑŋglɑ'dɛʂ]
Indonesia (f)	**Indonesia**	[indʊ'nesia]
Jordania (f)	**Jordan**	['jɔrdɑn]
Irak (m)	**Irak**	['irɑk]
Irán (m)	**Iran**	['irɑn]
Camboya (f)	**Kambodsja**	[kɑm'bɔdʂɑ]
Kuwait (m)	**Kuwait**	['kʉvɑjt]
Laos (m)	**Laos**	['lɑɔs]
Myanmar (m)	**Myanmar**	['mjænmɑ]
Nepal (m)	**Nepal**	['nepɑl]
Emiratos (m pl) Árabes Unidos	**Forente Arabiske Emiratene**	[fɔ'rɛntə ɑ'rɑbiskə ɛmi'rɑtenə]
Siria (f)	**Syria**	['syria]
Palestina (f)	**Palestina**	[pɑle'stinɑ]
Corea (f) del Sur	**Sør-Korea**	['sør kʊˌrea]
Corea (f) del Norte	**Nord-Korea**	['nʊːr kʊ'rɛa]

151. América del Norte

Estados Unidos de América (m pl)	**Amerikas Forente Stater**	[ɑ'merikɑs fɔ'rɛntə 'stɑtər]
Canadá (f)	**Canada**	['kɑnɑdɑ]
Méjico (m)	**Mexico**	['mɛksikʊ]

152. Centroamérica y Sudamérica

Argentina (f)	**Argentina**	[ɑrgɛn'tinɑ]
Brasil (m)	**Brasilia**	[brɑ'silia]
Colombia (f)	**Colombia**	[kɔ'lʊmbia]
Cuba (f)	**Cuba**	['kʉbɑ]
Chile (m)	**Chile**	['tʂilə]
Bolivia (f)	**Bolivia**	[bɔ'livia]
Venezuela (f)	**Venezuela**	[venesʉ'ɛlɑ]
Paraguay (m)	**Paraguay**	[pɑrɑg'wɑj]
Perú (m)	**Peru**	[pe'ruː]
Surinam (m)	**Surinam**	['sʉriˌnɑm]
Uruguay (m)	**Uruguay**	[ʉrygʊ'ɑj]
Ecuador (m)	**Ecuador**	[ɛkʊɑ'dɔr]
Islas (f pl) Bahamas	**Bahamas**	[bɑ'hɑmɑs]
Haití (m)	**Haiti**	[hɑ'iti]
República (f) Dominicana	**Dominikanske Republikken**	[dʊmini'kɑnskə repʉ'blikən]
Panamá (f)	**Panama**	['pɑnɑmɑ]
Jamaica (f)	**Jamaica**	[ʂɑ'mɑjkɑ]

153. África

Egipto (m)	Egypt	[ɛ'gypt]
Marruecos (m)	Marokko	[mɑ'rɔkʉ]
Túnez (m)	Tunisia	['tʉ'nisiɑ]

Ghana (f)	Ghana	['gɑnɑ]
Zanzíbar (m)	Zanzibar	['sɑnsibɑr]
Kenia (f)	Kenya	['kenyɑ]
Libia (f)	Libya	['libiɑ]
Madagascar (m)	Madagaskar	[mɑdɑ'gɑskɑr]

Namibia (f)	Namibia	[nɑ'mibiɑ]
Senegal (m)	Senegal	[sene'gɑl]
Tanzania (f)	Tanzania	['tɑnsɑˌniɑ]
República (f) Sudafricana	Republikken Sør-Afrika	[repʉ'bliken 'sørˌɑfrikɑ]

154. Australia. Oceanía

| Australia (f) | Australia | [aʉ'strɑliɑ] |
| Nueva Zelanda (f) | New Zealand | [njʉ'selɑn] |

| Tasmania (f) | Tasmania | [tɑs'mɑniɑ] |
| Polinesia (f) Francesa | Fransk Polynesia | ['frɑnsk poly'nesiɑ] |

155. Las ciudades

Ámsterdam	Amsterdam	['ɑmstɛrˌdɑm]
Ankara	Ankara	['ɑnkɑrɑ]
Atenas	Athen, Aten	[ɑ'ten]

Bagdad	Bagdad	['bɑgdɑd]
Bangkok	Bangkok	['bɑnkɔk]
Barcelona	Barcelona	[bɑrsə'lunɑ]
Beirut	Beirut	['bæɛjˌrʉt]
Berlín	Berlin	[bɛr'lin]

Mumbai	Bombay	['bɔmbɛj]
Bonn	Bonn	['bɔn]
Bratislava	Bratislava	[brɑti'slɑvɑ]
Bruselas	Brussel	['brʉsɛl]
Bucarest	Bukarest	['bʉkɑ'rɛst]
Budapest	Budapest	['bʉdɑpɛst]
Burdeos	Bordeaux	[bɔr'dɔ:]

El Cairo	Kairo	['kɑjrʉ]
Calcuta	Calcutta	[kɑl'kʉtɑ]
Chicago	Chicago	[ʂi'kɑgʉ]
Copenhague	København	['çøbənˌhɑvn]
Dar-es-Salam	Dar-es-Salaam	['dɑresɑˌlɑm]
Delhi	Delhi	['dɛli]

Dubai	**Dubai**	['dʉbɑj]
Dublín	**Dublin**	['døblin]
Dusseldorf	**Düsseldorf**	['dʉsəlˌdɔrf]
Estambul	**Istanbul**	['istɑnbʉl]
Estocolmo	**Stockholm**	['stɔkhɔlm]
Florencia	**Firenze**	[fi'rɛnsə]
Fráncfort del Meno	**Frankfurt**	['frɑnkfʉːt]
Ginebra	**Genève**	[ʂe'nɛv]
La Habana	**Havana**	[hɑ'vɑnɑ]
Hamburgo	**Hamburg**	['hɑmbʉrg]
Hanói	**Hanoi**	['hɑnɔj]
La Haya	**Haag**	['hɑg]
Helsinki	**Helsinki**	['hɛlsinki]
Hiroshima	**Hiroshima**	[hirʉ'ʂimɑ]
Hong Kong	**Hongkong**	['hɔnˌkɔŋ]
Jerusalén	**Jerusalem**	[je'rʉsɑlem]
Kiev	**Kiev**	['kiːef]
Kuala Lumpur	**Kuala Lumpur**	[kʉ'ɑlɑ 'lʉmpʉr]
Lisboa	**Lisboa**	['lisbʊɑ]
Londres	**London**	['lɔndɔn]
Los Ángeles	**Los Angeles**	[ˌlɔs'ændʒələs]
Lyon	**Lyon**	[li'ɔn]
Madrid	**Madrid**	[mɑ'drid]
Marsella	**Marseille**	[mɑr'sɛj]
Ciudad de México	**Mexico City**	['mɛksikʉ 'siti]
Miami	**Miami**	[mɑ'jɑmi]
Montreal	**Montreal**	[mɔntri'ɔl]
Moscú	**Moskva**	[mɔ'skvɑ]
Múnich	**München**	['mʉnhən]
Nairobi	**Nairobi**	[nɑj'rʊbi]
Nápoles	**Napoli**	['nɑpʊli]
Niza	**Nice**	['nis]
Nueva York	**New York**	[njʉ 'jork]
Oslo	**Oslo**	['ɔʂlʉ]
Ottawa	**Ottawa**	['ɔtɑvɑ]
París	**Paris**	[pɑ'ris]
Pekín	**Peking, Beijing**	['pekiŋ], ['bɛjʒin]
Praga	**Praha**	['prɑhɑ]
Río de Janeiro	**Rio de Janeiro**	['riu de ʂɑ'næjrʊ]
Roma	**Roma**	['rʊmɑ]
San Petersburgo	**Sankt Petersburg**	[ˌsɑnkt 'petɛʂˌbʉrg]
Seúl	**Seoul**	[se'uːl]
Shanghái	**Shanghai**	['ʂɑŋhɑj]
Singapur	**Singapore**	['siŋɑ'pɔr]
Sydney	**Sydney**	['sidni]
Taipei	**Taipei**	['tɑjpæj]
Tokio	**Tokyo**	['tɔkiʉ]

Toronto	**Toronto**	[tɔ'rɔntu]
Varsovia	**Warszawa**	[va'ʂava]
Venecia	**Venezia**	[ve'netsia]
Viena	**Wien**	['vin]
Washington	**Washington**	['vɔʂiŋtən]